KB142155

당신의
뇌는
최적화를
원한다

[일러두기]

본문 중 논문, 잡지는 〈 〉로, 도서는 《 》로 표기했습니다.

도서의 경우 한국어판이 출간된 도서는 한국어판 제목으로,

출간되지 않은 도서는 원서명을 직역하고 참고문헌에 원제목을 병기했습니다.

당신의
뇌는
최적화를
원한다

지금 당신의 뇌는 최상의 컨디션인가?

가바사와 시온 **지음**

오시연 **옮김**

[차례]

지금 당신의 뇌는
최상의 컨디션인가?

시작하며

몸 때문이 아니라
뇌 때문이다

같은 일을 더 쉽게 해내는 뇌 vs. 더 어렵게 만드는 뇌

"어떻게 하면 업무를 할 때 의욕과 집중력을 높일 수 있나요?" 나는 종종 이런 질문을 받는다. 일할 때 동기부여와 집중력은 대단히 중요한 요소다. 직장인뿐만 아니다. 자영업자든 프리랜서든, 일을 하는 많은 사람들이 '의욕적으로 열심히 일하고 싶다!', '집중력을 높여서 오늘 안에 이 일을 다 해치우고 싶다!' 하고 바란다. 실제로 시중에 나온 비즈니스서적들은 상당수가 이러한 주제를 다룬다. 하지만 그런 책들 중에는 저자의 개인적인 경험담만 늘어놓거나, 객관적인 근거나 따라 해볼 만한 구체적인 방법이 명확하지 않은 책이 적지 않다. 심지어 마음가짐만 바꾸면 된다고 주장하는 책도 있는데, 솔직히 그런 이야기가 정말 효과가 있는지 의심스럽다.

최근 뇌과학 분야가 눈부시게 발전함에 따라 뇌의 여러 기능이 상당히 구체적으로 밝혀지고 있다. 가령 의욕·집중력·학습능력·기억력·상상력·업무효율 등이 그러한 예다. 뇌의 어느 부분이 인간의 이런 능력에 관여하는지, 그 기능을 높이려면 어떻게 하면 되는지가 구체적으로 알려지게 된 것이다.

나는 정신과의사로서 환자를 진료하는 틈틈이 지난 15년 간 뇌과학 분야를 연구해왔다. 미국 시카고의 일리노이대학에서 3년간 유학하며 세로토닌과 도파민, GABA(감마 아미노낙산gam-ma-aminobutyric acid) 등 뇌 속 신경전달물질이 우울증 환자와 자살한 사람의 뇌에서 어떻게 변화하는지를 조사했다. 그 외에도 수많은 논문과 책을 읽으며 다양한 각도에서 뇌를 연구했다.

하지만 내가 연구했던 생화학이나 분자 단위의 실험들은 그 내용이 이론으로 확정되기까지 보통 수년씩 걸렸고, 그래서 나역시 연구를 하면서도 '이걸 어느 세월에 써먹나.' 싶을 때가 많았다. 매일 실험을 거듭하며 나는 '뇌 속 신경전달물질에 관한 이런 지식을 좀 더 빨리 실생활에 활용할 수는 없을까?' 생각하게되었다. 예를 들어 도파민이 동기부여에 미치는 영향, 세로토닌으로 의욕과 기분을 조절하는 법처럼 동물실험으로 좀 더 확실해진 뇌과학 지식···. 이렇게 이미 증명된 신경전달물질의 기초적인 작용을, 직장인을 비롯해 '보통 사람들'에게 알려준다면 그들이 하는 일에 획기적인 도움이 되지 않을까 하고 생각해봤다. 과학적 근거를 바탕으로 그 구체적인 방법을 체득하여 업무능력이 향상된다면 얼마나 좋을까? 힘든 업무도 즐겁게 하고, 뇌의 잠재력을 높여 같은 일도 더 효율적으로 해낼 수 있지 않을까? 그런 바람에서 이 책을 집필하게 되었다.

'노오오력'만으로 되는 일은 이제 없다

동기부여나 집중력과 관련된 책들 중에 뇌과학이 밝혀낸 사실과 맞지 않는 주장을 하는 것도 많다. 가장 흔한 것이 '정신력으로 극복하라.'라든가, '끝까지 최선을 다하면 된다.' 같은 것, 즉 마음가짐(정신론)을 강조한 내용이다. 그런 주장을 하는 사람들의 바람과 다르게, 불쾌한 감정을 억누르면서 일하면 노르아드레날린이 분비된다. 뇌는 불쾌함을 무의식적으로 회피하게끔 프로그래밍되어 있기 때문에 '정신력'이나 '마음가짐'을 끌어모아 불쾌한 일을 계속하면 절대 업무효율이 오르지 않는다.

오히려 '하기 싫은 일'을 몇 달이고 계속하면 점점 스트레스가 쌓이고, 결국 그 스트레스가 우리의 몸과 마음의 건강을 갉아

먹는다. 업무효율이 제자리걸음인 데 그치지 않고 건강마저 위협받는다는 말이다. 뇌를 괴롭히는 업무방식은 자동차의 사이드 브레이크를 채운 상태에서 엑셀 페달을 밟는 행위와 같다.

하지만 뇌가 자연스럽게 도파민을 분비하도록 만들면 어떨까? 동기부여는 물론이고 업무효율과 학습효율, 기억력이 향상된다. 다시 말해 생활습관이나 일하는 방식을 조금만 바꾸면 내 능력이 몰라보게 향상된다. 도파민만 이런 작용을 하는 것이 아니다. 내가 하는 업무에 가장 잘 맞고 꼭 필요한 신경전달물질이 뭔지 알고, 그것을 활용하면 업무효율이 올라가고 스트레스가 최소화될 수 있다. 억지 노력으로 건강을 해치거나 우울증에 빠지지 않고 말이다.

이 책은 뇌의 구조와 기능을 '신경전달물질'이라는 관점에서 이해하고, '즉각적으로 업무능력을 향상시키는 노하우'를 다양하게 익힐 수 있게 구성했다. 실제로 뇌의 작용은 무척 복잡하지만, 이 책에서는 최대한 이해하기 쉽게 단순화했다. 우리가 일상생활에서 접하는 구체적인 사례를 들었고, 전문용어는 가급적 적게 썼으며, 그림과 도표로 독자의 이해를 도왔다. 그렇기 때문에 전문가가 볼 때는 이야기를 지나치게 단순화시켜 설명이 불충분하다고 느낄 수도 있다.

이 책을 읽고 나서 뇌 속 신경전달물질이나 뇌과학에 흥미를 느꼈다면, 맨 마지막 '참고문헌'에 나오는 학술서나 전문서적을 읽고 좀 더 깊이 있는 지식을 쌓길 바란다. 부디 이 책을 끝까지 읽고 뇌 기능을 120% 발휘하는 방법을 배워 독자 여러분의 일과 일생을 획기적으로 바꿔보길 바란다.

인생을 바꿔줄 7가지
기적의 물질

감정 · 기억 · 역량은 신경전달물질로 만들어진다

인간의 뇌에는 수백억 개의 신경세포가 존재하고, 그것들은 서로 복잡한 네트워크를 형성한다. 이 뇌의 신경계는 전기배선처럼 전부 이어져 있을 거라고 생각하기 쉽지만, 사실은 그렇지 않다. 신경세포와 신경세포의 접합 부분에는 '시냅스'라고 불리는 아주 짧은 틈이 있다. 시냅스 전막前膜에서 '신경전달물질'이 분비되고, 시냅스 후막에는 그 신경전달물질을 받아들이는 '수용체'가 있다. 즉 신경전달물질이 수용체와 결합함으로써 자극이 전달된다.

갑자기 '신경전달물질'이라는 어려운 용어가 튀어나와 부담스러울 것이다. 그래서 정식 학술용어는 아니지만 이 책에서는 신경전달물질을 '뇌 내 물질'이라 부르겠다. 어떤 뇌 내 물질을 어떻게 분비하느냐에 따라 신경네트워크는 다른 방식으로 이어진다. 이 말은 뇌 내 물질 각각의 역할을 알면, 독자 여러분의 감정과 의욕을 의도적으로 바꿀 수 있다는 말이다.

이제까지 밝혀진 뇌 내 물질은 50여 가지에 달한다. 이 책은 그중에서 7가지 대표적인 뇌 내 물질만 다룰 것이다. 아래에 나열된 이 7가지 물질들은 뇌에서 매우 중요한 역할을 맡고 있기 때문에 이미 많은 연구가 진행되었다. 이 7가지 뇌 내 물질이야말로 의욕을 높이고, 일하는 방식을 바꾸며, 나아가 인생까지 바꿔줄 기적의 물질인 셈이다.

- 도파민
- 노르아드레날린
- 아드레날린
- 세로토닌
- 멜라토닌
- 아세틸콜린
- 엔도르핀

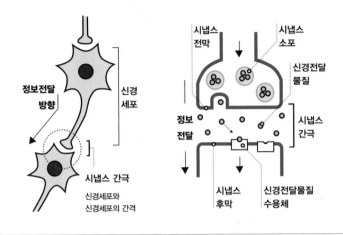

─ 시냅스와 신경전달물질 ─

'에반게리온' 캐릭터가 보여주는 7가지 신경전달물질의 특징

7가지 뇌 내 물질 각각을 소개하기 전에 그들의 역할부터 간단히 짚고 넘어가자. 뇌 내 물질의 대략적인 성질을 파악하면 이 책의 내용을 훨씬 쉽게 이해할 수 있기 때문이다. 잘 알려진 애니메이션 등장인물에 빗대어 설명해보겠다.

침울한 신지는 노르아드레날린 : '신세기 에반게리온'이라는 애니메이션을 보셨는지 모르겠다. 주인공은 이카리 신지. "도망치면 안 돼."라는 대사로 유명하다. 조종사로 에바에 탑승해 수수께끼의적인 사도와 맞설 때마다 신지는 공포에 떨며 도망치고 싶은 충동에 휩싸인다. 이러한 국면에 분비되는 것이 노르아드레날린이다. 노르아드레날린은 '투쟁-도피Fight-or-Flight 호르몬'이라고도 불린다.

싸우느냐 달아나느냐. 그런 선택과 행동이 요구되는 위기상황에서 분비된다. 이러한 노르아드레날린이 지나치게 오랫동안 분비되면 우울증에 빠진다. TV 시리즈 후반부에서 신지는 에반게리온 조종사를 그만둬야 할지 고민한다. 자신의 무기력함을 자책하며 답답하고 침울해한다. 이것이야말로 노르아드레날린이 장기적으로 분비되었을 때 보이는 감정변화다.

발랄한 아스카는 도파민 : 자신감이 없고 어두운 느낌인 신지와 정반대로 소류 아스카 랑그레이는 항상 긍정적으로 생각하고 행동하는 발랄한 소녀다. 아스카는 도파민을 상징하는 캐릭터라 할 수 있다. 도파민은 동기부여의 원천이다. 언제나 의욕적인 아스카는 도파민이 팡팡 나왔을 것이다. 도파민은 더 높은 목표, 더 힘든 목표를 세울 때 분비된다. 역경에 부딪힐수록 의연하게 맞서는 아스카의 성격은 도파민의 특징에 훌륭하게 부합된다.

차분한 레이는 세로토닌 : 아스카와 달리 아야나미 레이는 차분하고 말수가 적다. 항상 평정심을 유지하며 사도와 싸우고 목숨이 위태로운 상황에 처해도 이성을 잃지 않는다. 그녀가 차분한 마음을 유지할 수 있는 것은 '세로토닌'이 분비되기 때문이다. 세로토닌이 적당히 분비되면 승려가 좌선을 하고 있을 때처럼 마음이 차분해진다. 격렬한 감정을 조절해주므로 이성과 침착함을 유지할 수 있다. 감정을 잘 표현하지 못하는 아야나미는 세로토닌이 과잉분비되었을 수도 있지만 그녀의 차분한 분위기는 실로 '세로토닌적'이다.

여전사 미사토는 아드레날린 : 용감무쌍한 넬프 작전부장인 가츠라기 미사토는 대담하고 공격적인 작전을 세우며 항상 에너지가 넘친다. 사도와 싸울 때는 실로 용맹하고 표정에 생기가 넘친다. 분명 아드레날린이 방출되고 있었으리라. 아드레날린은 '투쟁 호르몬'이다. 싸움을 앞두었을 때, 또는 실제로 싸우고 있을 때 분비된다. 신지나 레이가 탑승한 에반게리온을 지휘하고 작전을 총괄하는 '여전사' 미사토의 모습은 아드레날린의 이미지와 딱 들어맞는다.

집중하는 리츠코는 아세틸콜린 : 에반게리온의 개발책임자인 과학자 아카기 리츠코는 이지적이고 현실적이며 대단히 쿨한 성격이다.

에반게리온을 개량하고 분석하는 데 독자적이고 기발한 아이디어를 제시하는 한편 이성적으로 일에 집중한다. 발상력과 집중력을 담당하는 뇌 내 물질이 '아세틸콜린'이다. 리츠코의 캐릭터는 아세틸콜린을 강하게 연상시킨다. 또 아세틸콜린은 온몸의 장기를 진정시키는 부교감신경의 전달물질이기도 하다. 교감신경(아드레날린)과 부교감신경(아세틸콜린)의 관계는 행동파인 미사토와 침착한 리츠코의 관계와 닮은꼴이다.

자신감 넘치는 카오루는 엔도르핀 : 이야기 종반에 등장하는 수수께끼의 인물, 나기사 카오루. 그의 정체인 '최후의 사도'답게 압도적이고 초월적인 강인함과 넘치는 자신감을 지녔다. 승려가 고행 끝에 깨달음의 경지에 이르렀을 때 분비되는 것이 엔도르핀이다. 카오루가 인간의 지혜를 뛰어넘은 초월적 분위기를 내뿜는 것도 엔도르핀이 분비되기 때문이다.

꾸벅꾸벅 조는 토지는 멜라토닌 : 이것으로 이 책에 등장하는 7가지 뇌 내 물질 중 6가지를 에반게리온의 등장인물에 빗대어 설명했다. 그렇다면 이제 남은 뇌 내 물질은 멜라토닌이다. 멜라토닌은 '수면물질'이다. 멜라토닌 농도가 올라가면 졸음이 엄습하며 곧 잠이 든다. 잠과 직결된 인물은 에반게리온에 등장하지 않을 것

	한 마디로 요약하면	관계 있는 감정·기분	기타 관련 키워드
도파민	행복물질 행복, 쾌감	보수계	뇌
노르아드레날린	투쟁인가 도피인가	공포, 불안, 집중 스트레스 반응	워킹메모리, 업무 뇌, 교감신경
아드레날린	흥분물질	흥분, 분노	교감신경 (낮에 활동하는 신경)
세로토닌	치유물질	침착함, 평상심	마음의 안정, 공감 뇌
멜라토닌	수면물질	회복	부교감신경 (밤에 활동하는 신경), 니코틴, 시터파
아세틸콜린	기억과 학습	영감	향상
엔도르핀	뇌 내 마약	행복감, 황홀감	알파파

이라고 생각하면서도 열심히 찾아봤더니 있었다! 바로 스즈하라 토지다. 신지의 같은 반 친구이며 항상 운동복 차림을 한 체육계 인물이다. 그는 종종 수업 시간에 '꾸벅꾸벅 졸고' 있다. 아마 멜라토닌이 펑펑 나오고 있지 않았을까? 그러고 보면 그도 나중에 에반게리온 3호기에 탑승한다.

7가지 주요 신경전달물질의 이미지가 대략적으로 떠오르길 바란다. 학술적으로 설명하면 '가까이 하기에 너무 먼 당신' 같은 물질들이지만 실제로는 우리의 일상적 행동과 깊은 연관이 있다.

너무 많아도 문제, 너무 적어도 문제

뇌 내 물질은 '균형'이 중요하다. 예를 들어 도파민과 노르아드레날린, 세로토닌은 뇌의 중요한 기능을 관장한다. 도파민은 '쾌감'을 추구하고 노르아드레날린은 '불쾌감'을 피하며 세로토닌은 이 둘을 조정한다. 세로토닌은 도파민이 지나치게 분비되었다 싶으면 도파민을 억제한다. 또 노르아드레날린 분비도 조절한다. 세로토닌은 도파민과 노르아드레날린의 균형을 조정하는 지렛목 역할을 하는 셈이다. 이처럼 뇌 내 물질은 능동적으로 자신들의 균형을 유지하려고 애쓴다. 균형이 무너지면 뇌가 원활하게 기능하지 못하기 때문이다.

도파민 사이클이 지나치게 빨라져 통제불능 상태에 빠지면 '의존증'이 된다. 알코올 의존증이나 각성제 의존증이 대표적이다. 최근에는 도박 의존증과 쇼핑 의존증도 알려졌다. 도파민 사이클이 폭주하면 이렇게 병적인 상태가 된다. 또한 도파민이 과잉분비되면 환각이 나타난다. 조현병이 그런 상태다. 도파민은 의욕의 원천이지만 지나치게 분비되면 오히려 악영향을 미친다.

반대로 도파민이 생성되지 않아 부족한 상태에서는 파킨슨병이 생긴다. 운동기능장애가 나타나고 손이 떨리거나 제대로 걸을 수 없는 증상을 보인다. 이처럼 특정한 뇌 내 물질이 과잉분비되거나 부족해지면 병에 걸리게 된다. 다시 한 번 말하지만 뇌

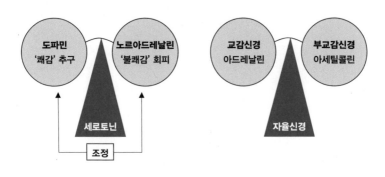

내 물질은 균형이 중요하다. 다음 그림에서 볼 수 있듯이 뇌는 도파민, 세로토닌, 노르아드레날린이 균형 잡힌 상태에서 최상의 퍼포먼스를 발휘한다.

현대인들은 대부분 뇌 내 물질의 균형이 불안정한 상태다. 과중한 업무 스트레스, 불규칙하고 영양이 불균형한 식사, 수면 부족 등, 이렇게 잘못된 생활습관은 몸뿐 아니라 '뇌'를 갉아먹어 뇌 내 물질의 균형을 무너뜨리며 심해지면 각종 정신질환을 일으킨다.

이제부터 소개하는 업무방식과 올바른 생활습관을 어느 1가지가 아니라 되도록이면 두루두루 실천하자. 그래야 1가지 뇌 내

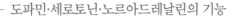

도파민·세로토닌·노르아드레날린의 기능

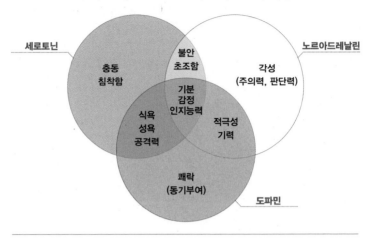

세로토닌

노르아드레날린

불안
초조함

충동
침착함

각성
(주의력, 판단력)

기분
감정
인지능력

식욕
성욕
공격력

적극성
기력

쾌락
(동기부여)

도파민

물질에 치우치지 않고 모든 뇌 내 물질이 균형 잡힌 상태를 만들 수 있다. 그러면 뇌와 몸이 건강해지고 역량을 100%, 또는 그 이상으로 발휘할 수 있을 것이다.

의욕과 열정의
행복물질

———

도파민

Chapter 1

보상을 받으면
뇌도 춤춘다

이미 뇌 속에 존재하는 행복물질 도파민

동화《파랑새》속 치르치르와 미치르 남매는 꿈에서 행복의 상징인 파랑새를 찾으러 미래의 나라로 가지만 결국 찾지 못한다. 집으로 돌아온 두 사람은 그제야 깨닫는다. 집에서 기르던 비둘기가 바로 행복을 상징하는 파랑새라는 것을. 행복은 우리가 알아차리지 못할 뿐 항상 우리 곁에 있다는 교훈을 전하는 동화다. 그런데 행복은 어디에 존재할까?

뇌과학적으로 생각하면 '행복은 뇌 안에 있다.'고 할 수 있다. 행복은 누군가로부터 받는 것도 아니고 어딘가에서 쟁취해 손에 넣는 것도 아니다. 인간의 뇌에는 '도파민'이라는 행복을 만드는 물질이 존재하는데, 이것이 분비될 때 우리는 행복을 느낀다. 참으로 무미건조한 이야기지만 '도파민 분비는 곧 행복'이라는 말이다. 덧붙이자면 '행복해지는 방법 = 도파민을 분비시키는 방법'이기도 하다. 이런 점에서 도파민은 '행복물질'이라고도 불린다.

결론부터 말하자면 도파민은 목표를 달성할 때 분비된다. 내가 하는 일이 잘 풀려서 '해냈다!'라는 성취감을 느끼면, 그때 도파민이 분비되며 우리는 행복에 젖는다. 참고로 도파민은 목표나 계획을 세울 때부터 분비된다. 목표를 세울 때 마음이 들뜨고 동기부여가 되는 것은 이 때문이다. 의욕이 나지 않아 힘든 사람은 이제부터 소개할 도파민을 분비시키는 방법을 꼭 실천해보자.

도파민은 중뇌의 복측피개 영역VTA, Ventral Tegmental Area에 있는 'A10'이라는 신경핵에서 생성된다. 그러고 보면 앞에서 소개한 애니메이션 '신세기 에반게리온'에서도 '에반게리온과 조종사는 A10신경을 통해 연결된다.'는 설정이 있었다. 도파민은 복측피개 영역에서 주로 두 경로를 통해 분비된다. 해마가 있는 대뇌변연계에 투사하는(투사신경섬유가 연결되어 있다.) 중뇌변연계와 전두엽과 측두엽에 투사하는 중뇌피질계다. 도파민은 축색돌기를 따라 각 부위로 이동하다가 축색돌기 끝(말단)에 있는 시냅스에서 방출되며 다양한 역할을 수행한다.

예를 들어 도파민은 전두엽 앞쪽에 위치한 전두연합령의 '워킹메모리(작업기억)'와 깊은 관련이 있다. 따라서 도파민 분비는 정보처리능력, 주의집중력, 계획성 등에도 영향을 끼친다. 한편, 해마와 측두엽은 기억과 학습을 담당한다. 그래서 여기에 도파민이 분비되면 그렇지 않을 때보다 기억력이 향상된다.

A10에서 생성되는 도파민 신경계는 욕구가 충족되었거나, 충족되리라고 예상될 때 활성화되고, 쾌락을 느끼게 한다고 해서 '보수계'라고 불린다. 그리고 보수계 중에서도 중요한 역할을 하는 것이 대뇌변연계의 '측좌핵'이라는 부위다.

측좌핵을 자극하면 그 즉시 도파민이 분비되어 '쾌감'이 느껴진다. 이 '쾌감'과 '행동'이 하나로 묶여, 더 강한 쾌감을 얻기 위해 그다음에도 같은 행동을 하려는 동기부여가 강화된다. 이것이 보수계의 작용이다. 그러므로 도파민은 인간의 학습, 행동에 대한 동기부여, 환경적응과 밀접한 관련이 있다. 인간은 '더 많은 쾌감 = 더 많은 도파민'을 위하여 계속해서 더 높은 곳을 쳐다보는 존재다.

여기까지는 의학적인 설명이라 다소 어려울 수도 있겠다. 그보다는 도파민이 어떻게 작용하고, 우리에게 어떤 영향을 미치는지만 알면 된다. 실생활에서 일할 때 도파민이 방출되면 대단히 효율적으로 일할 수 있기 때문이다.

도파민의 주요 기능

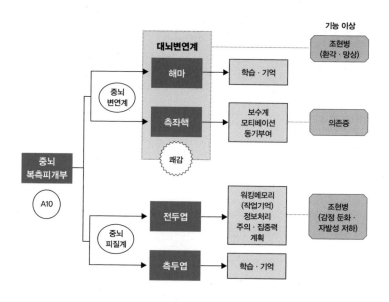

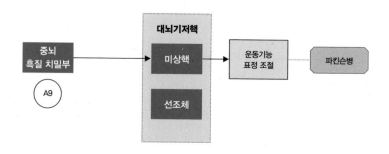

※ 알기 쉽게 설명하기 위해 실제 신경계와 뇌기능을 단순화했다.

'보수 사이클'을 크게 돌려라

의욕이나 동기는 측좌핵이 흥분했을 때 높아진다. 또한 측좌핵의 '뉴런'은 '보상을 얻을 수 있는 자극'을 받으면 흥분한다. 재미있거나, 기쁘거나, 어떤 일을 달성해 성취감을 느끼거나, 칭찬받거나, 사랑받는 것. 그런 정신적인 보상을 얻으면 측좌핵의 뉴런이 흥분한다. 누구나 충분한 보상을 받지 못하면 일할 마음이 나지 않는 법이다. 뇌도 마찬가지다. 충분한 보상을 받지 못하면 도파민이 나오지 않는다.

그러므로 뇌에 의욕이 생기게 하려면 의식적으로 보상을 주면 된다. 보상과 도파민 분비의 관계는 다음 장의 그림과 같이 사이클 형태다. 그 결과 행동과 쾌감이 연결된다. 특정한 행동을 하면 쾌감을 얻을 수 있다고 뇌가 기억하는 것이다. 그리고 다시 쾌감을 얻고 싶어서 같은 행동을 반복한다.

게다가 두 번째 행동에서는 전보다 더 큰 쾌감을 얻고자 '연구'를 한다. 결과적으로 더 큰 쾌감을 얻는다. 그러면 세 번째에는 두 번째보다 더 큰 쾌감을 얻기 위해 더 열심히 연구하고 행동한다. 이런 식으로 쾌감을 얻기 위한 창의적 연구를 반복하다 보면 자연스럽게 많은 것을 배우게 된다. 당연히 그 사람은 점점 발전한다. 이 일련의 사이클을 도파민의 '강화학습'이라고 한다.

도파민계가 담당하는 강화학습 구조는 인간이 동기부여를

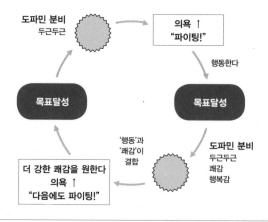

하고 더 높은 곳으로 성장, 진화하는 데 불가결한 뇌 내 시스템이다. 테크놀로지가 이렇게나 고도로 발전했는데도 인류가 끊임없이 더 높은 이상을 추구하는 이유는 강화학습과 연관이 있다. 그렇다면 구체적으로 일상생활에서 무엇을 어떻게 해야 뇌 속에서 도파민이 분비될까? 이를 위한 7단계 액션플랜을 살펴보자.

행복물질이 팡팡 나오는
목표달성 7단계

1단계 : 명확한 목표를 세운다

보통 도파민이 분비되면 가슴이 두근두근하며 설렌다. 그런 순간을 찾으면 도파민이 나오는 시점을 대략 파악할 수 있다. 복권 살 때를 생각해보자. 가슴이 두근거리는 시점이 2번 있다. '복권을 샀을 때'와 '복권이 당첨되었을 때'다. 복권을 사기 전에 '복권을 사야지.'라고 생각한 순간부터 가슴이 두근거리는 경우도 있다. 이는 동물실험에서도 증명되었다.

램프가 깜빡거리면 설탕물이 나오는 장치가 있는 사육장에 실험용 쥐를 넣는다. 몇 번의 시행착오를 거듭한 끝에 쥐는 램프가 깜빡이면 설탕물이 나온다는 것을 학습한다. 그러면 '램프가 깜빡거릴 때'와 '설탕물을 먹을 때' 쥐의 뇌에서 도파민이 분비되는 것을 볼 수 있다. 이 실험을 계속 반복하면 램프가 깜빡거리기만 해도 많은 양의 도파민이 나온다. 쥐의 머릿속에서는 '설탕물을 기대했을 때'와 '실제로 설탕물을 얻었을 때' 이렇게 2회, 도파민이 나오는 것이다.

이를 인간의 목표달성에 적용하면 '목표를 설정했을 때'와 '목표를 달성했을 때' 이렇게 2회, 도파민이 분비된다는 말이다. '007 두 번 산다'라는 영화가 있는데 이것은 '도파민은 두 번 나온다.'라고 바꿔 말할 수 있다. 아무 생각 없이 살고 있다가 어쩌다 한 번 행운이 굴러 들어오면 당연히 기쁠 것이다. 하지만 그런 경우에는 도파민이 나오지 않는다. 도파민은 스스로 분명한 목표를 설정하고 그것을 위해 노력하거나 연구하는 과정에서 나온다. 그리고 목표를 달성하면 그때 다시 한 번 도파민이 나온다.

이런 사이클을 돌리려면 '목표를 세우는 습관'을 들여야 한다. 그러나 그 목표가 너무 거창해도 좋지 않다. '장래의 원대한 꿈'이나 '10년 후 나의 모습'을 상상하는 것도 자기실현이라는 면에서는 아주 중요하지만 도파민 분비에는 별로 효과가 없다. 그보다는 '단기간에 이룰 수 있는 작은 목표'를 세워서 목표를 달성하는 과정을 여러 번 되풀이하며 마침내 큰 목표를 달성하는 것이 효율적이다. 회사도 월간목표, 분기목표. 반기목표, 연간목표라는 식으로 기간을 쪼개어 목표를 설정하는데, 이것은 도파민 분비 측면에서도 옳은 방법이다.

일생일대의 원대한 목표를 몇 주 또는 몇 달이면 달성할 수 있는 '작은 목표'로 대체하기만 해도 강력한 동기부여가 되고 도파민도 오랫동안 분비된다. 이런 작은 목표를 '마일스톤'(milestone, 이정표, 프로젝트 일정관리에서 중요 지점에 체크하는 것을 뜻한다. - 옮긴이)이라고 한다.

마라톤 경기를 떠올리면 쉽다. 1km, 5km, 10km, 이렇게 구간별로 여기가 몇 km 지점인지 표시되어 있다. 이 표지를 보면 '5km 왔구나.' 혹은 '절반은 왔네.' 하고 중간중간 작은 성취감을 맛볼 수 있다. 마일스톤이 보이지 않으면 달리는 페이스를 알 수 없을뿐더러 성취감도 느끼지 못한다. 아무리 완주하고 싶어도 그럴 기력이 사라지는 것이다.

2단계 : 목표를 이룬 자신을 구체적으로 상상한다

흔히 목표를 또렷하게 상상하면 그 목표를 이룰 가능성이 높아진다고들 이야기한다. 이는 과학적으로도 맞는 말이다. 구체적인 상상은 도파민을 분비시키고 동기부여를 해서 성공확률을 높이기 때문이다. 의식적으로, 그리고 가능한 한 명확하게 상상하는 것이 핵심이다. 내 경험을 예로 들어보겠다. "2020년 내에 뇌 내 물질에 관한 책을 출판한다!"라는 목표를 세웠을 때, 나는 다음과 같은 상상을 했다.

- 출판할 책 제목과 표지 디자인
- 각 장의 구성과 내용 등의 상세사항
- 서점에서 내 책이 평대에 쌓여 있는 모습
- 내 책이 아마존 순위에서 1위를 차지한 모습
- 출판기념회에서 연설을 하는 나
- 산처럼 쌓인 독자의 감사편지와 이메일
- 인세가 입금된 은행 통장
- '증쇄를 결정했다.'는 편집자의 전화
- 내 책이 주간지 서평란에 게재된 모습

이렇게 목표를 달성한 자신을 상상할 때 얼마나 가슴이 두근거리고 설레는지에 따라 도파민 분비량이 달라진다. 당연히 목표를 달성할 확률도 달라질 것이다. 내가 원하는 긍정적 이미지를 동영상으로 만들 수 있을 정도로 구체적으로 상상해보라. '그게 어디 쉬운 일인가?' 하고 피식거릴 수도 있겠지만, 그 정도로 자세히 상상해야 효과가 있다. 꿈은 생생하게 상상하는 순간, 실제로 절반은 이루어진 것이나 다름이 없다.

이는 반대로 말하면 전혀 상상할 수 없는 목표는 이루어지지 않는다는 말이다. 상세한 마일스톤을 설정할 수 없기 때문이다. 그러면 도파민도 분비되지 않으므로 선뜻 행동하지 못하고 꿈이라기보다는 '공상'에 그치고 만다.

3단계 : 목표를 자주 확인한다

목표를 설정하는 것은 마음속으로 막연히 생각하는 것이 아니다. '언제든 볼 수 있는 상태'로 준비해놓아야 한다. 예를 들면 목표를 종이에 써서 책상 앞에 붙인다. 다른 사람들에게 목표를 공언한다. 수첩이나 지갑에 목표를 쓴 종이를 끼워놓고 매일 본다. 이렇게 보기 쉬운 형태로 틈날 때마다 목표를 확인하자. 그리고 그때마다 목표를 이룬 자신의 모습을 상상하며 히히 웃어보자. 그렇게 해야 도파민이라는 의욕이 보급된다. 도파민은 장시간, 또는 장기간에 걸쳐 분비되지 않으므로 중간중간 보급해줘야 한다. 그것을 위한 가장 손쉬운 방법이 목표를 반복적으로 확인하는 것이다.

또 다른 방법으로 '보물지도'를 만들어보자. 나의 꿈이나 소망을 잡지에서 자른 사진으로 꾸며서 '나만의 꿈 지도'를 만드는 것이다. 꿈이 이루어졌을 때의 모습을 사진 등을 잘라 붙여서 만들면 된다. 그리고 그것을 책상 앞처럼 눈에 잘 보이는 곳에 붙이고 매일 쳐다본다. 목표를 달성한 자신을 명확하게 상상함으로써 동기부여의 근원인 도파민이 분비된다. 꿈과 목표를 보고 또 보면서 목표를 세웠을 때의 설렘을 시간 날 때마다 떠올리도록 하자.

동기부여는 자동차의 '휘발유 보충'에 비유할 수 있다. 자동차로 장거리 여행을 할 때는 출발하기 전에 주유소에 들러서 기름을 가득 채우게 마련이다(목표설정에 따른 설렘). 그러나 그 기름만으로는 목적지에 도달하지 못할 수도 있으므로, 가끔씩 기름을 보충해야 한다(목표를 이루었을 때의 이미지를 생생하게 떠올림). 그렇게 휘발유를 보충하며 목적지를 향해 달리는 것이다.

4단계 : 즐겁게 실행한다

타이거 우즈는 한 인터뷰에서 "골프에서 우승한 이유를 한마디로 말하면 뭐죠?"라는 질문에 이렇게 대답했다.

"Enjoy(즐기는 거죠)!"

타이거 우즈는 사생활에서도 지나치게 즐기다 스캔들에 휘

말리긴 했지만 이런 자세는 본받을 만하다. 올림픽에서 메달을 획득한 세계적인 운동선수들도 이구동성으로 말한다. "즐겁게 경기를 했어요.", "긴장감을 즐겼죠.", "경기장에 서는 것만으로도 즐거웠어요." 실제로 좋은 결과를 낸 사람일수록 이렇게 말했다. 의학적으로도 즐기며 실행할 때 도파민이 팍팍 나온다. 그러면 동기부여가 된다는 것은 앞에서도 이야기했다. 인간의 뇌는 '쾌감자극'을 받으면 그 자극을 또 원하게 된다. 반면 '불쾌한 자극'을 받으면 그것을 피하려 한다.

책상에 같은 종류의 조각 케이크가 여러 개 있는데 시험 삼아 1개를 집어먹었더니 맛있었다고 치자. 이때 뇌는 쾌감자극을 받는다. 처음 먹은 케이크가 맛있었다면 그것을 다 먹고 나서 다른 케이크를 또 먹으려고 할 것이다. 딱히 배가 고프지 않아도 먹고 싶다는 생각이 든다. 이는 뇌가 또 한 번 '쾌감'을 얻고 싶어 하기 때문이다. 이때 나오는 것이 도파민이다. 반대로 첫 번째 케이크가 맛이 없었다면 두 번째 케이크에 손을 뻗지 않을 것이다. 뇌가 케이크로 인한 '불쾌한' 자극을 회피하려 하기 때문이다.

자격증시험이나 승진시험 공부를 할 때도 즐거운 마음으로 하면 도파민이 분비된다. '내일도 공부해야지!'라는 기분이 저절로 든다. 도파민이 나오면 '빨리 이해하고', '빨리 습득하며', '기억력이 좋아지는' 효과가 있다. 학습효과가 향상되는 것이다. 그러면 어느 순간 '내가 합격 수준에 상당히 가까워졌다.'는 사실을 깨닫는다. 그리고 합격 수준에 가까워졌다는 기쁨이 더 많은 양의 도파민을 분비시켜 공부에 더욱 몰두하게 만들어준다. 그러므로 어떤 일이든 즐기며 하는 것이 최고의 성공비결이다. '어떤 일이든 좋아서 하면 잘하게 된다.'는 속담은 도파민의 성질을 정확하게 짚어준다.

반대로 '자격증시험을 공부하는 게 너무 괴로워.', '너무 힘들어.'라고 생각하면 뇌는 '불쾌한' 자극으로 받아들이고 노르아드레날린이 분비된다. 노르아드레날린도 집중력을 높여서 뇌를 활성화하는 작용을 하므로 수험기간이 짧을 때는 그래도 괜찮다. 그러나 장기적으로 하기 싫은 일을 지속적으로 강요당하면 의욕이 전혀 솟아나지 않는다. 마지못해 하니까 당연히 성공할 수가 없다. 노르아드레날린에 대해서는 2장에서 자세히 살펴보겠다.

5단계 : 목표를 달성하면 자신에게 상을 준다

프로야구 정규 시즌에서 우승한 팀은 뒤풀이에서 서로 맥주를 뿌리며 요란하게 우승을 축하한다. '뭐 저렇게까지 난리법석을?' 하고 눈을 흘기는 사람도 있겠지만 그렇게 떠들썩하게 축하하는 방식이 실은 강력한 동기부여에 일조한다.

뇌는 먼저 '우승한 사실'에 기쁨을 느낀다. 그리고 '뒤풀이에서 축하'하면 축하파티에 대한 기쁨이 추가된다. 이것들은 전부 뇌에 '상'을 주는 행위다. 프로야구 선수단의 뒤풀이처럼 동료들과 기쁨을 나누고 유대를 강화하는 행위가 '내년에도 우승을 목표로 노력해야겠다.'는 마음을 굳히는 것이다. 그러면 탐욕스러운 뇌는 '또 상을 받으려고' 도파민을 방출한다. 그러나 뇌에 상을 충분하게 주지 못하면 뇌는 '또 상을 받고 싶다.'는 의욕을 잃는다. 따라서 큰 결과를 냈을 때야말로 그에 걸맞은 상을 줘야 한다.

당신도 목표를 달성하면 엄청나게 기뻐해야 한다. 뒤풀이처럼 남들이 함께 축하해주면 가장 좋겠지만 그렇지 않다면 스스로에게 상을 주자. 전부터 갖고 싶었던 값비싼 물건을 나에게 선물하자. 이것이 다음 목표를 이루는 데 큰 의미를 갖는다. 야구 선수 스즈키 이치로는 대기록을 달성할 때마다 고급 손목시계를 산다고 한다. 이것은 물론 자신에게 주는 상이다. 그는 기쁨을 요란하게 드러내지 않는 성품이지만 자신에게 상을 줌으로써 다음 목표를 향해 동기부여를 하는 것이다.

나는 큰 목표를 이룰 때마다 맛있는 음식을 먹으러 간다. 평소에 가지 못하는 고급 초밥집 같은 곳이 내게는 아주 큰 상이다. 게다가 맛있는 음식을 먹는 행위는 그 자체로도 도파민을 방출시킨다. 도파민은 식사하기 전과 식사하는 중에 분비된다. 레스토랑에 가서 메뉴판을 볼 때 도파민이 분비되면서 시상하부에 있는 '섭식중추'를 자극한다. 그리고 실제로 그 음식이 맛있었다면 도파민이 추가로 또 나온다.

'다음 목표를 달성하면 또 이 가게에 와야지!' 그렇게 생각하면 뇌가 두 번째 '쾌감'을 추구하여 의욕이 솟는다. 말 그대로 도파민 사이클이 작동하는 상태. 그러니 목표를 달성한 상으로 맛있는 음식을 먹는 것은 추천할 만한 방법이다.

6단계 : 즉시 '더 높은 목표'를 새롭게 세운다

앞에서 세계적인 운동선수들은 인터뷰에서 "경기가 기대된다.", "즐겁게 경기했다."고 말한다고 했다. 실은 이 선수들의 발언에는 또 1가지 특징이 있다. 뛰어난 기록을 냈을 때의 인터뷰에서 그 특징을 확인할 수 있다. "아직 멀었어요.", "○○○가 좋지 않았어요.", "앞으로 더 열심히 해야겠습니다." 그들은 이렇게 열이면 열 입을 모아 자신에게 어떤 점이 부족했는지 말한다. "오늘 경기는 최고였어요."라고 자랑만 하는 선수는 거의 본 적이 없다. 현재의 자신에게 만족하며 '현재 상태로 괜찮다.'고 생각하는 순간, 도파민 분비가 멈춘다. 그러면 현상유지는커녕 기록이 점점 떨어진다. 좋은 기록을 내도 만족하지 않고 다음번에 더 높은 곳을 지향하기에 세계적인 선수는 그 자리를 지킬 수 있는 것이다.

목표달성을 기뻐하는 것과 만족하는 것은 동의어가 아니다. 현재의 자신에게 만족하는 순간 인간은 더 이상 발전하지 않는다. 그렇기에 올림픽에서 금메달을 딴 선수는 동기를 잃기 쉽다. 세계 1위 자리를 차지해 더 올라갈 곳이 없어졌기 때문이다. 그러나 금메달을 획득해도 더 높은 수준에 도달하는 사람들도 있다. 그들이야말로 진정한 세계적인 선수다.

예를 들어 유도선수인 다니 료코는 올림픽에 5번 출전하여 금메달 2개, 은메달 2개, 동메달을 1개 획득했다. 이렇게 오랜 기간 선수로 활약하는 것은 흔한 일이 아니다. 이러한 위업을 이룰 수 있었던 것은 그녀만의 '동기부여 법' 때문이다. 다니 선수가 남긴 '명언'에서 이 점을 살필 수 있다. "최고일 때도 금, 최악일 때도 금."(시드니올림픽 전), "싱글일 때도 금, 품절녀일 때도 금."(아테네올림픽 전), "엄마일 때도 금."(베이징올림픽 전). 자, 어떤가. 각 대회마다 내건 목표가 다르다.

베이징올림픽 때 말한 "엄마일 때도 금."이라는 말을 보자. 이게 만약 "이번에도 금."이었다면 전혀 동기부여가 되지 않았을 것이다. 같은 금메달이라도 아이를 낳고 키우면서 따는 금메달은 결혼 전 연습에만 열중할 수 있었던 상태에서 따는 금메달에 비해 훨씬 힘든 목표다. 하지만 그녀는 도파민을 분비시켜 실제로 좋은 결과를 이끌어냈다.

도파민은 더 힘든 목표를 세웠을 때 분비되며 강력한 동기부여를 한다. 다니 선수가 그 점을 알고 있었는지는 모르겠다. 그러나 그녀는 매회 올림픽 때마다 동기부여를 해주는 표어를 만들어 더욱 힘든 목표를 스스로에게 부과했다. 그리고 실제로 좋은 결과를 냈다.

항상 '더 힘든 목표'를 지속적으로 세우는 것. 이것이 도파민 강화학습 사이클을 작동시키는 비결이자 인생의 성공법칙이다. 이번 목표를 이루었다면 즉시 다음 목표를 세워라. 현재에 만족하면 도파민은 더 이상 나오지 않는다. 뇌는 욕심쟁이다. 도파민이라는 물질은 항상 '더 많이'를 추구한다. 더 높은 목표를 계속 세우는 한 도파민이 지속적으로 분비되어 당신은 계속 발전할 것이다.

7단계 : '1~6단계'를 반복한다

먼저 목표를 달성한 쾌감(행복)을 얻는다. 그 뒤 더 어려운 목표를 세우고 그것도 달성하여 더 큰 쾌감을 얻는다. 그리고 이 과정을 계속 반복한다. 이 강화학습 사이클을 순환시켜 성공계단을 올라가면 일에도 성공하고 사생활도 충실하게 보낼 수 있다.

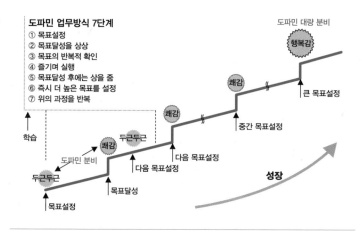

도파민이 효율적으로 분비되어 자신이 성장할 수 있는 계단을
오르는 것이다. 새로운 연구, 새로운 도전 덕분에 우리 뇌는 점점
진화하여 질과 양 모두에서 뛰어난 성과를 거두게 된다. 이것이
바로 '성장'과 '자아실현'의 과정이다. 그러므로 목표를 달성하는
7단계를 항상 의식하며 행동하자.

의욕·열정·동기가
솟아오르는 메커니즘

너무 어렵지도, 너무 쉽지도 않아야

앞에서 이야기했듯이 도파민을 분비할 때 목표설정은 아주 중요한 요소다. 하지만 이 목표가 너무 쉬우면 도파민이 나오지 않는다. 반대로 절대로 달성하지 못할 목표여도 도파민은 나오지 않는다. 힘들지만 열심히 하면 달성할 수 있는, 그런 '적당한 과제'가 설정되었을 때 도파민이 가장 많이 분비되고 의욕이 솟아난다.

게임할 때도 너무 쉽게 클리어하면 오히려 재미가 없지 않은가? 그렇다고 적이 압도적으로 강해서 아무리 도전해도 게임오버 글자가 뜨면 이것 또한 게임을 하고 싶은 마음이 없어진다. 몇 번의 도전으로 요령을 파악하고 그다음 단계로 나아가는 것, 그 과정을 반복해야 간신히 클리어할 수 있다. 이런 '적당한 난이도'의 게임을 할 때가 가장 즐거운 법이다. 그것은 적당한 난이도일 때 도파민이 가장 많이 분비되기 때문이다.

여러분이 이제 와서 '억만장자가 되겠다.'거나 '대통령이 되겠다.', '올림픽 경기장에서 콘서트를 하겠다.' 같은 엄청난 꿈을 갖고 있다 해도, 그것만으로는 도파민이 나오지 않는다. 너무 큰 꿈이기 때문이다. 도파민이 나오지 않는다는 것은 의욕이 지속되지 않는다는 뜻이다. 꿈이 너무 크면 실제로 이루기 힘들기 때문이다. 그보다는 큰 목표에 도달하기까지의 첫 걸음을 '지금 달성할 수 있는 작은 목표'로 설정하자. 예를 들면 이런 식이다.

- 억만장자가 된다. → 월수입을 10만 원 늘린다.
- 대통령이 된다. → 선거 자원봉사자가 된다.
- 올림픽 경기장에서 콘서트를 한다. → 지하철역 앞에서 길거리 공연을 한다.

자신의 실력을 충분히 감안한 상태에서 노력하면 간신히 도달할 수 있는 목표를 설정했을 때 동기부여가 된다. 그리고 실제로 열심히 하게 된다.

1969년 7월 20일, 닐 암스트롱은 인류 최초로 달표면에 착륙했다. 그는 이런 명언을 남겼다. "한 인간에게는 작은 한 걸음이지만 인류에게는 위대한 도약이다."

이 유명한 말을 업무에 적용해보면 어떨까? '위대한 도약'을 위해서는 처음의 '작은 한 걸음'이 중요하다. 최소한 앞으로 한 걸음만 나아가면 도파민이 분비되어 다음 걸음을 떼려는 의욕이 생긴다. 그것을 반복함으로써 위대한 도약이 실현되는 것이다. 일단 작은 한 걸음, 즉 '실현가능한 목표'를 설정하자.

'힘들다'를 '즐겁다'로 바꿔주는 리프레이밍

목표를 달성한 내 모습을 구체적으로 상상하면 '해보자!', '노력하자!'는 의욕이 넘치기 시작한다. 그러나 목표를 향해 노력하다 보면 아무리 즐겁게 노력하려고 해도 괴롭고 힘든 국면이 닥치기 마련이다. 이럴 때는 생각을 바꾸어 힘든 일을 즐겁게 실행하자. 사물을 바라보는 틀을 전환하는 '리프레이밍reframing'이라는 심리기법을 이용하면 결코 불가능한 일이 아니다. 같은 일도 사람에 따라 견해나 느낌이 다르기 때문에 어느 각도에서 보면 장점인 일이 다른 각도에서 보면 단점이 될 수 있다.

시험시간이 15분 남았다고 치자. '이제 15분밖에 안 남았네.'

라고 비관적으로 생각할 수도 있지만 '아직 15분이나 남았어.'라고 낙관적으로 생각할 수도 있다. 이럴 때 '아직 15분이나 남았어.'라고 생각하는 습관을 들이면 괴로운 상황에서도 긍정적인 면을 발견할 수 있다.

일상적으로 리프레이밍을 하려면 평소에 연습을 해야 한다. 일상생활이나 일을 할 때 부정적인 생각이 떠올랐다면 그 즉시 긍정적인 표현으로 바꿔보자. 그리고 가능하면 그 표현을 소리 내어 말해보자.

× 이 일에서는 내가 잘 아는 기술과 지식을 제대로 발휘할 수가 없어.

○ 내가 잘 모르는 기술과 지식을 배울 기회야. 이걸 계기로 이 분야를 공부해보자.

× 이 일은 고도의 지식과 기술이 필요해서 내겐 너무 어려워.

○ 내게 부족한 부분을 공부해서 능력을 키울 기회로 삼자.

× 이 업무는 나와 맞지 않아.

○ 새로운 분야에 도전하게 되었네. 내 잠재력을 발휘할 기회인지도 몰라.

× 이런 일을 혼자서 어떻게 하지?

○ 팀워크가 중요한 일이네. 동료들과 협조하며 일을 진행하자.

× A씨는 내 말을 귓등으로도 안 들어.

○ 내 의견을 말하기 전에 A씨의 의견부터 잘 들어보자.

× 우리 회사는 분위기가 엉망이야.

○ 나라도 밝은 목소리로 인사하며 사람들에게 말을 걸어야 겠어.

어떤가? 부정적인 표현을 긍정적인 표현으로 바꾸었을 뿐인데 괴롭다, 힘들다, 싫다 같은 감정이 수그러들지 않는가? 리프레이밍으로 '불쾌감'을 '쾌감'으로 바꿀 수 있으면 같은 일을 해도 효율과 결과물의 수준이 크게 개선될 것이다.

칭찬은 타이밍이 관건, 남발해도 곤란

"저 자신을 칭찬해주고 싶어요." 마라톤 선수인 아리모리 유코가 1996년 애틀랜타 올림픽에서 동메달을 획득하고 결승선을 통과한 직후에 인터뷰에서 한 유명한 말이다. 내가 나를 칭찬한

다…, 훌륭한 말이다. 남에게 칭찬받는 것은 뇌에게 최고의 '보
상'이다. 누구나 칭찬을 받으면 기쁘고 행복해지기 때문이다. 시
험 삼아 부하직원이나 아내 혹은 남편을 칭찬해보자. 그들의 얼
굴에 미소가 떠오를 것이다. 그와 동시에 '다음에는 더 열심히 해
야지.', '다음에는 이번보다 더 좋은 성과를 내야지.'라는 동기를
갖게 된다.

칭찬은 아주 큰 심리적 보상이다. 칭찬을 받았을 때 도파민
이 분비되는 것은 실험으로도 밝혀진 바 있다. 그러므로 남에게
칭찬을 많이 받는 것이 가장 좋다. 하지만 아무도 칭찬해주지 않
는다면 내가 나를 칭찬해주자. 스스로 칭찬하는 것도 뇌에게는
훌륭한 상이 된다. "좋아!", "잘했어.", "드디어 해냈네!", "이만큼이
나 했구나.", "진짜 대단해.", "이렇게 빨리 하다니 짱이야." 이렇게
혼잣말처럼 소리 내어 말해보자. 남들이 의아한 얼굴로 쳐다볼
지도 모르지만 상관하지 말자. 이렇게만 해도 도파민이 분비되
어 뇌에 상을 주는 것과 같기 때문이다.

다만 도파민을 분비하려면 '목표를 달성했을 때' 칭찬해야
효과가 있다. 타이밍이 중요하다는 말이다. 남을 칭찬할 때에도
타이밍이 관건 아닌가? 팀원이 좋은 결과를 냈다면 그때를 놓치
지 말고 제때 제대로 칭찬해주자. 칭찬은 팀원에게 강력한 동기
부여를 하는 가장 쉽고 효과적인 방법이다. 이런 말을 하면 "계속

칭찬만 했더니 그 사람이 기어오르더라." 하고 반론하는 사람이 있는데 그것은 칭찬하는 방법이 잘못되었기 때문이다.

목표를 달성했을 때 하는 칭찬은 아무리 많이 해도 지나치지 않다. 그 목표는 '열심히 노력하면 달성할 수 있는 목표'이자 '다소 힘든 목표'이기 때문이다. 같은 높이로 나아가고 있을 때 하는 칭찬은 별 의미가 없다. 계단 한 층을 끝까지 올라갔을 때, 즉 수준이 올랐을 때 칭찬하는 것이 좋다. 게임에 빗대어 말하자면 레벨업을 알리는 음악이 나오는 순간이 칭찬효과가 극대화되는 절호의 기회다. 송사리급 괴물을 쓰러뜨릴 때마다 칭찬하면 칭찬의 효과는 점점 약해질 뿐이다.

일하는 방식을 조금만 바꿔도
더 많은 행복물질이?

매너리즘을 날려버리는 '북두의 권 업무방식'

지금까지 도파민을 분비하기 위한 목표달성 7단계에 관해 이야기했다. 도파민이 잘 나오게 하는 방법은 이 밖에도 몇 가지 더 있다. 모두 일상생활에서 바로 실천할 수 있는 방법이다. 만화에서 힌트를 얻은 '북두의 권 업무방식'도 그중 하나다.

만화 《북두의 권》은 핵전쟁으로 문명과 사회질서가 붕괴되고 폭력이 지배하는 약육강식의 세상에 나타난 전설의 암살권인 '북두신권'의 전승자 겐시로가 살아가는 모습을 그린 하드보일드 액션만화다. 전체적으로는 '숙명의 라이벌 라오우와의 싸움'이라는 큰 줄거리가 있긴 하지만, 한 편 한 편 끊어서 보면 '겐시로가 작은 마을을 찾아가 그곳에서 악한 자에게 억압 받고 있는 마을 사람들을 만나고, 그곳을 지배하는 우두머리를 쓰러뜨려 마을 사람들을 해방시키는' 과정의 반복이다. 전형적인 권선징악 이야기이다. 그런데도 이 단순한 이야기는 독자들이 눈을 떼지 못할 정도로 강력한 재미를 선사한다. 그 이유는 도파민이 설명해준다.

겐시로는 매번 마을 사람을 괴롭히는 소대장 격 우두머리를 쓰러뜨린다. 그런데 그 방법이 정말 독특하다. "북두백열권!", "북두유파참!", "북두잔회권!" 이렇게 적을 격파하는 필살기가 매번 다르다. 독자는 어떤 필살기로 적을 쓰러뜨릴지 궁금해하며 이야기에 빨려 들어간다.

도파민은 매너리즘을 싫어한다. 그리고 연구와 변화를 좋아한다. 《북두의 권》의 경우, 적도 개성이 있고, 그 적을 쓰러뜨리는 방법에 매번 새로운 연구와 변화가 가미된다. 그래서 다음 장을 넘기고 싶은 것이다.

서류작성이나 단순계산 등 매일 해야 하는 똑같은 업무에 질려서 매너리즘을 느낀다면 어떻게 해야 할까? 목표를 설정하여 도파민을 분비하려 해도 직종 상 그것이 어려울 수도 있다. 그럴 때는 '북두의 권' 업무방식을 써먹어보자. 같은 일도 평소와 다른 방법이나 접근법을 이용하여 도전하자. 그렇게 하면 목표 지점은 같아도 다른 전개 방식에 재미를 느끼게 되고 그 결과 도파민이 분비된다. 일하는 과정에서 '변화'를 주면 의욕이 솟고 일 자체가 재미있어진다. 물론 목표를 달성했을 때의 만족도도 더 높아진다.

새로운 환경에 적응해보는 '도전자 업무방식'

대개 새로운 수단이나 방법은 뇌에게 '도전'으로 인식된다. 새로운 장소나 환경도 마찬가지다. 베테랑 육상선수가 연습방법을 바꾸거나 새로운 훈련법을 도입하거나 코치를 바꾸는 일이 좋은 예다. 그런 도전을 통해 한 단계 높이 성장할 수 있다. 팀스포츠의 경우 이적을 해서 소속팀을 바꾸는 방법도 있다.

뇌는 이런 환경변화도 '새로운 수단'이나 '새로운 방법'으로 인식하여 도파민을 방출한다. 뇌는 도전을 좋아하고 그 도전에 응하게끔 되어 있다. 직장인의 경우에는 전근이나 부서이동을 생각할 수 있다. 회사에서 이런 결정을 내리면 불안해하는 사람이 많은데 뇌는 그것을 도전이라고 해석한다. 이를 긍정적으로 받아들이면 도파민이 분비되어 업무능력을 키울 절호의 기회가 된다.

나만의 방법을 연구해보는 '내 맘대로 업무방식'

대형서점에 가보면 다이어트 책이 100권도 넘게 꽂혀 있다. 이렇게 다이어트가 붐이라면 다이어트 방법도 당연히 1가지 '유력한 방식'으로 좁혀질 것 같겠지만, 실제로는 다양한 방법의 다이어트 책들이 속속 출간되고 있다. 그 이유도 도파민 때문이다. 사람은 '이 방법대로만 따라 하라.'고 하면 의욕이 나지 않는다. 도파민은 '연구'를 엄청 좋아하기 때문이다. 그에 반해 '이 방법을 바탕으로 자기 나름대로 연구와 개량을 해도 된다.'라고 하면 도파민이 쉽게 분비되어 동기부여가 되고 성공확률도 높아진다.

다이어트 책을 사와서 그대로 따라 하려고 해도 중간에 좌절할 확률이 높다. 자신에게 딱 맞는 다이어트 방법을 연구하고 응용하지 않았기 때문이다. 다이어트뿐 아니라 공부법이나 업무방법도 마찬가지다. 책대로 하려고 하기 때문에 책처럼 잘되지 않고 그것이 스트레스가 되어서 중간에 그만둔다. 내게 적합하게끔 개량했을 때 좋은 결과가 나오는 경우가 더 많다.

제한시간을 두고 몰아붙이는 '울트라맨 업무방식'

'정의의 용사'이자 변신영웅의 원조 울트라맨. 울트라맨은 매번 강력한 힘으로 거대한 괴수나 우주인과 싸워서 그들을 무찌른다. 그 강함의 비결은 '3분밖에 싸우지 못하는 제한시간' 때문 아닐까? 활동시간 3분이 가까워지면 울트라맨의 가슴에 붙어 있는 빨간 타이머에 불이 들어오고 그 불이 꺼지면 더 이상 움직일 수 없게 된다. 그러므로 반드시 3분 이내에 괴수를 쓰러뜨려야 한다. 그런 제한시간 덕분에 울트라맨이 폭발적인 힘을 발휘해 싸울 수 있는 것이다.

여러분도 서류작성을 비롯해 매일 해야 하는 루틴워크가 있을 것이다. 그런 일을 아무 의욕 없이 기계적으로 수행할 수도 있다. 앞에서 소개한 '리프레이밍'으로도 즐거움을 찾지 못하는 작업도 있을 것이다. 하지만 아무리 지루하고 단조로운 작업이라도 시간제한을 설정하면 동기부여가 된다. '다소 어려운 과제'를 받으면 도파민이 분비되기 때문이다. 평소 120분 정도 걸려서 완성하는 서류가 있다면 '오늘은 100분 안에 끝내야지!' 하는 목표를 설정해 타이머로 시간을 측정해보자. 그렇게 하면 긴박감을 갖고 일에 집중할 수 있다. 목표대로 100분 안에 일을 끝마친다면 평소보다 잘했다는 성취감에 뿌듯할 것이다. 그다음에는 '내일은 90분 안에 해야지!'라는 식으로 다시 새롭게 더 높은 목표를 설정한다. 도파민은 '더 많이'를 좋아한다. 작업내용을 '더 어렵게' 하기 힘든 경우에는 '더 빨리'라는 목표를 설정하여 도파민을 분비시키자.

게임처럼 미션을 클리어하는 '드래곤 퀘스트 업무방식'

'드래곤 퀘스트', '파이널 판타지' 같은 롤플레잉게임은 한 번 시작하면 여간해서는 그만두지 못한다. 밤새 하는 경우도 있다. 이것도 도파민과 관련이 있다. 게임을 하다 보면 몬스터를 만난다. 그 몬스터와 싸워서 이기면 돈과 경험치, 아이템(보상)을 손에 넣을 수 있다. 강한 몬스터를 쓰러뜨릴수록 돈과 경험치가 많이 쌓인다. 그렇게 계속하다 보면 '아이템을 획득한다.'거나 '어디어디에 가서 누구누구와 만난다.'는 미션(작은 목표)이 주어진다. 그것을 달성하면 다음 힌트나 아이템이 주어진다.

예컨대 '던전앤파이터'를 클리어하려면 보스 캐릭터와 싸워야 한다. 결코 쉽지 않은 일이지만 보스 캐릭터를 쓰러뜨리면 아주 많은 돈과 경험치, 아이템을 얻을 수 있다. 사람들은 그런 보상을 얻기 위해 시행착오를 마다하지 않는다. 여기서 경험치를 더 쌓으면 레벨업되어 자신의 능력과 스킬이 올라간다. 이 과정을 반복하다 보면 최종 보스도 쓰러뜨릴 수 있다(큰 목표). 미션을 클리어해(작은 목표달성) 보스 캐릭터를 쓰러뜨리고(중간 목표달성), 마지막에 최종 보스를 물리치는 것이다(큰 목표달성).

이는 거의 모든 롤플레잉게임의 공통적인 흐름이다. 그리고 이것이야말로 인기의 비결이다. 작은 목표를 달성할 때마다 보상을 받고 더 큰 목표에 도전한다. 더 큰 목표를 이루기 위해 방법을 연구한다. 이처럼 롤플레잉게임은 도파민의 보수계 구조가 고스란히 게임방식에 적용되어 있다. 게임을 계속하면 할수록 더 큰 보상을 얻고, 그때마다 도파민이 펑펑 터지니 도저히 그만 둘 수가 없는 것이다.

이 롤플레잉게임의 구조를 일에 적용하면 하기 싫은 일도 게임처럼 즐기면서 할 수 있다. 예를 들면 '오전 중에 이 일을 마치면 1단계 목표달성. 상으로 평소에 즐겨 먹는 소고기덮밥이 아니라 특별히 돈가스덮밥을 먹어야지.'라든가 '이번 일을 해결하면 레벨업한 상으로 1박 2일 온천여행을 간다!'는 식이다. '목표달성 → 보상획득'이라는 구조를 게임화하는 것이다. 이로써 '보상을 받았다.'는 실감이 증폭되어 같은 목표를 달성했을 때 아무 보상도 없는 것보다 도파민이 더 쉽게 나온다.

"오늘은 오전에 일을 열심히 했으니 돈가스덮밥을 먹어야지." 이처럼 목표를 달성한 뒤에 상을 주겠다고 마음먹는 경우도 종종 있다. 하지만 이것은 동기부여에 별 효과가 없다. 그보다는 "오전 중에 이 일을 종료하면 스테이지 클리어. 포상으로 평소 먹는 소고기덮밥이 아니라 돈가스덮밥으로 업그레이드!" 일을 시작하기 전에 '목표달성 → 보상획득' 관계를 명확히 하는 것이 동기부여로 이어진다. 같은 일을 해도 관점만 살짝 바꾸면 더욱 즐겁고 기운차게 일할 수 있다.

퇴근 후 '일상의 행복감'을 극대화시키는
도파민 생활습관

운동 후 '머리가 맑아지는 느낌'의 비밀은?

지금까지 도파민을 분비시키는 여러 업무방식을 살펴보았다. 하지만 "다 귀찮아요! 더 간단한 방법 없어요?"라는 사람도 있을 것이다. 이런 사람은 '운동'을 하면 된다. 도파민 신경계에는 A10신경계 말고도 'A9신경계'라는 중요한 신경계가 있다. 흑질치밀부에서 올라오는 A9라는 신경다발이 대뇌기저핵(미장핵·선조체)을 향해 뻗어 있다. A9신경계는 운동조절과 깊은 관련이 있다. 운동을 하면 도파민이 분비된다는 것도 잘 알려져 있다.

나는 16~18시 사이에 피트니스클럽에서 운동을 한다. 그런 다음 근처 카페에서 글을 쓴다. 원래 저녁 무렵에는 뇌가 지쳐 있어서 집필하기에 적합하지 않은데, 운동을 하고 나면 몸은 피곤하지만 머릿속이 리셋된 것처럼 맑아진다. 아침에 눈을 떴을 때와 같은 상쾌한 상태다. 운동을 시작하기 전에는 힘든 운동을 한 뒤에 집필하는 것이 불가능하리라고 생각했지만 실제로는 그 반대였다.

운동을 하면 도파민 외에도 집중력과 상상력을 높이는 아세틸콜린이 분비된다. 또 세로토닌도 활성화되고, 약간 힘든 운동을 하면 '뇌 내 마약'이라고 불리는 엔도르핀도 분비된다. 30분 이상 유산소운동을 하면 지방분해를 촉진하는 성장호르몬도 분비된다. 운동 후 '머리가 맑아지는 느낌'이 드는 건 바로 이러한 물질들의 복합작용 때문이라고 추정되는데, 이때 도파민의 작용은 특히 중요하다. 의욕이 없거나, 아무것도 하기 싫고, 동기부여가 안 되는 사람들 중 상당수는 운동부족일 가능성이 있다. 일에 대한 의욕을 높이는 의미에서도 적절한 운동은 중요하다.

안 행복한 날엔 죽순 간장조림을 먹자

도파민 활성화는 식사도 중요한 영향을 미친다. 도파민은 티로신이라는 아미노산으로 만들어지는데, 우리 몸에 티로신이 부족하면 도파민이 충분히 생성되지 않을 수도 있다. 티로신이 풍부하게 함유된 식품으로 죽순과 가다랑어포가 있다. 이 두 식재료를 쓰는 죽순 간장조림(죽순을 간장에 조린 후 얇게 부순 가다랑어포를 뿌려서 먹는 요리 – 옮긴이)은 도파민을 분비시켜주는 최적의 요리다. 고기, 우유, 아몬드, 땅콩 등에도 티로신을 풍부하게 들어 있는데, 많은 양의 티로신을 뇌에 도달하게 하려면 당질과 함께 섭취하는 것도 중요하다. 당질이 되는 탄수화물, 즉 밥과 함께 먹으면 된다.

그리고 뇌에서 티로신으로 도파민을 생성하려면 비타민B6가 필요하다. 티로신이 충분해도 비타민B6가 부족하면 도파민 생성이 효율적으로 이루어지지 않는다. 비타민B6를 풍부하게 함유한 식품은 참치, 가다랑어, 연어, 우유, 바나나 등이다.

그렇다면 티로신을 많이 섭취할수록 도파민도 무제한으로 대량 생성될까? 그건 그렇지 않다. 하루에 100대의 자동차를 제조하는 공장에 50대분의 부품이 조달된다면 하루에 50대밖에 만들지 못한다. 하지만 이 공장에 매일 200대분의 부품이 조달된다고 해도 200대를 만들 수는 없다. 그 공장의 생산능력이 하루 100대라면 아무리 부품이 많아도 100대 이상 만들 수 없기 때문이다. 뇌 내 물질 생성도 그렇다. 원료가 아무리 많이 공급되어도 최대 생성량은 한계가 있다. 과잉생성되지는 않는다.

티로신이 부족한 사람이 티로신을 충분히 섭취하는 것은 의미 있는 일이지만 티로신을 2배 섭취했다고 도파민이 2배 생성되진 않는다. 정상 수준의 생성이 유지될 뿐이다. 그러니 균형 잡힌 식사를 통해 적당히 섭취하는 것이 중요하다.

도파민 과잉분비가 '의존증'을 부르는 경우

도파민을 포함한 뇌 내 물질은 많이 분비된다고 무조건 좋은 것은 아니다. 경우에 따라서는 심신에 해를 끼칠 수도 있다. 뇌 내 물질 도파민은 보수계를 관장하는데, 이 보수계가 폭주하면 '의존증'에 빠진다.

최근 각성제를 흡입한 연예인이 체포되는 사건을 통해 보통 사람들에게도 각성제 의존증이 잘 알려졌다. 각성제는 보수계의 중추인 측좌핵을 직접 흥분시킨다. 그러므로 각성제를 먹으면 강렬한 쾌감을 얻을 수 있는 반면, 섭취가 거듭될수록 더욱 강한 쾌감을 원하게 된다. 그 결과 각성제 사용량이 늘어나 의존증에 빠진다. 파친코 게임이나 쇼핑 등 원래는 '즐거움'을 위한 행위도 보수계가 폭주하면 조절이 안 된다. 사채까지 끌어다가 파친코를 하거나, 신용카드 한도액을 꽉 채워 쇼핑을 하는 등 의존증 행동을 보이는 것이다.

지난 20년간 실시한 한 연구에 따르면 조현병도 도파민 이상으로 생긴다는 것이 밝혀졌다. 조현병 증상 중 양성증상(환각, 망상)은 중뇌변연계 장애로, 음성증상(감정둔화, 자발성 저하)은 중뇌피질계의 장애로 일어난다고 한다. 이 조현병 증상을 완화시키는 '선택적 도파민 차단제'가 개발되어 많은 환자의 퇴원과 사회복귀에 도움을 주었다.

도파민 신경계에 A10신경계 못지않게 A9신경계도 중요하다는 것은 앞에서도 언급했다. 운동조절과도 깊은 연관이 있는 A9신경계에 장애가 생기면 파킨슨병에 걸린다. 프로권투 헤비급 챔피언이었던 무하마드 알리나 영화《백 투 더 퓨처》의 주연 마이클 J. 폭스가 이 병을 앓았다. 파킨슨병에 걸리면 대뇌기저핵에서 도파민이 부족한 상태가 된다. 세세한 운동조절이 되지 않고 무동(움직임이 적어진다), 손 떨림, 보행장애, 무표정 등의 증상을 보인다. 물론 도파민이 분비되면 의욕이 솟고 행복해진다. 그렇다고 측좌핵을 직접 흥분시키는 각성제 같은 안이한 수단을 써서 도파민을 분비시키면 안 된다.

파친코나 지나친 쇼핑으로 도파민을 분비시키는 것도 좋지 않다. 일상생활과 일에 긍정적인 도움을 주는 '목표달성 과정'을 통해 도파민이 나오게 해야 건강을 유지하면서 동시에 행복해질 수 있다.

뇌의 욕구가 무한대라서 당신의 가능성도 무한대다

사업에 성공해 수십억의 재산을 쌓은 사람이 있었다. 그는 유유자적한 삶을 누리려고 하와이에 집을 사서 이주했지만, 아무런 자극이 없는 생활을 견디지 못하고 몇 년 후 일본으로 돌아와 사업을 재개했다고 했다. 충분히 만족스러운 상황에서도 그가 '새로운 도전'을 선택한 것은 역시 도파민 때문이다.

도파민의 보수 사이클은 목표를 달성한 뒤에 더 큰 목표를 달성하여 더 큰 '쾌감'을 얻는 시스템이다. 날마다 같은 생활을 계속하면 뇌는 행복하다고 느끼지 않는다. 종종 '아무 부족함이 없는 생활을 하던 사람이 왜 그런 일을?'이라는 말을 하는데 뇌과학적으로 말하자면 '아무 부족함이 없는 생활'에서는 도파민이 나오지 않기 때문이다. '만족스러운 생활'을 유지하면 그 이상의 목표를 갖거나 달성을 할 수 없게 되어서 도파민이 분비되지 않는다.

은퇴 후에도 취미활동이나 자원봉사 등 새로운 일에 도전하는 사람은 여전히 젊어 보인다. 반면 유유자적한 생활만을 목표로 삼고 딱히 아무 취미도 없이 사는 사람은 순식간에 확 늙는다. 사람은 자신의 능력을 키워서 새로운 가능성을 넓히는 도전과정을 통해 행복을 느낀다. 관점을 바꾸면 도전을 계속하는 한 누구나 행복해질 수 있다는 말이다.

이렇게 말하면 죽을 때까지 계속 도전하고 노력해야만 한다고 오해하는 사람이 있을 수도 있겠지만, 그렇지 않다. 새로운 목표를 정하고 오늘부터 실행하면 오늘부터 도파민이 나올 수 있다. 막대한 부를 이룬 어느 대기업 사장이 다음과 같은 말을 했다.

"젊었을 때는 가난했지만 풍요로운 미래를 꿈꾸며 필사적으로 열심히 일했고 하루하루에 충실했다. 지금 생각하면 그때가 가장 행복했었다."

10년, 20년 죽어라 노력하고 나면 그 길의 끝에 행복이 기다리고 있는 것이 아니다. 노력하며 계단을 오르는 '지금'이 실은 가장 행복한 것이다. 매일 하는 일 중에서 내 가슴이 두근거리는 순간이 언제인지에 초점을 맞추자. 그리고 내 잠재력을 키울 수 있는 목표를 설정하여 성장의 계단을 올라가자. 이것은 오늘부터라도 당장 시작할 수 있는 일이다.

의욕과 열정의 행복물질 도파민

☐ 뇌 내 물질인 도파민이 분비되면 행복해진다.

☐ 뇌에 보상을 주면 동기부여가 된다.

☐ 도파민의 보수 사이클을 돌려서 목표를 달성할 수 있다.

☐ 적당한 난이도의 작은 목표(마일스톤)를 설정하면 큰 목표를 이룰 수 있다.

☐ 목표를 달성한 자신의 모습을 생생하게 떠올려보자. 명확하게 상상할수록 실현 확률이 올라간다.

☐ 즐기면서 실행하는 것이 최고의 성공비결이다.

☐ 목표를 달성하면 자신에게 상을 준다. 그것이 다음 일을 할 동기부여로 이어진다.

☐ 목표를 달성하면 그에 만족하지 않고 즉시 다음 목표를 설정한다.

☐ 뇌는 도전을 좋아한다. 항상 도전함으로써 성장할 수 있다.

집중력과 기억력을
끌어올려야 할 때

노르아드레날린

Chapter 2

적당한 긴장이
꼭 필요한 이유

청중을 쥐락펴락, 인기강사의 '밀당' 비결

매너강사인 히라바야시 미야코는 연간 300회 이상 매너강의를 한다. 대단히 엄격한 수업방식으로 유명한데, 참가자가 약간이라도 실수하면 호통치며 날카롭게 꾸짖는 것이 특징이다. 히라바야시 선생은 TV에도 종종 출연하고 저서도 베스트셀러가 되었다. 선생은 강의를 시작할 때 만면에 미소를 띠며 부드러운 어조로 입을 뗀다. 하지만 참가자가 질문에 제대로 대답하지 못하는 등 약간만 분위기가 흐트러지면 갑자기 무서운 얼굴로 질책하기 시작한다.

"어서 말해! 왜 말을 못해! 멍하니 있지 말고!"

"이 모습을 점장이 보면 정규직 전환이 되겠어?"

히라바야시 선생의 표독스런 태도에 참가자들은 새파랗게 질린다. 그 결과 집중력이 단번에 오르면서 청중들은 온 신경을 강의에 쏟는다. 한편 분위기를 바꾼 장본인인 히라바야시 선생은 언제 그랬냐는 듯 미소 띤 얼굴과 부드러운 목소리로 돌아가 다시 강의를 진행한다. 그러다가 다시 청중들이 느슨해지면 날카롭게 몰아붙인다. 이처럼 압박감과 공포감으로 집중력을 높이면 청중은 강의에 진지해질 수밖에 없고, 결과적으로 학습효과가 비약적으로 높아진다.

'투쟁–도피 호르몬'이라고 불리는 이유

질책으로 집중력을 높이는 심리기법은 이미 널리 알려져 있다. 뇌과학자들은 이것을 '노르아드레날린 효과'라 한다. 노르아드레날린은 아미노산을 원료로 생성되는 '카테콜아민'의 일종으로, 부신수질에서 혈액으로 분비되는 호르몬이다. 부신은 신장 위에 있는 호르몬 분비기관으로 부신수질은 부신의 일부이다.

또 노르아드레날린은 시냅스 틈 사이에 있는 '노르아드레날린 작동성 뉴런'에서 방출되는 신경전달물질이기도 하다. 뇌간에 있는 신경핵 중 하나인 청반핵에서 시상하부, 대뇌변연계, 대뇌피질 등에 투사하여 주의집중, 각성, 판단, 워킹메모리, 진통 등의 뇌의 작용에 관여한다.

노르아드레날린은 다음 장에서 소개하는 아드레날린과 함께 '투쟁'과 '도피'에 대한 반응을 낳는 물질이다. 심박수를 직접 증가시키는 등 교감신경계를 움직여 지방을 에너지로 변환시키고, 근육의 순발력을 높인다. 원시인이 야산을 걷다가 갑자기 포악한 검치호랑이와 맞닥뜨렸다고 가정하자. 당장이라도 덮칠 기세로 이빨을 드러내고 으르렁거리는 검치호랑이. 그때 그의 머릿속에서 측두엽내측 안쪽에 존재하는 편도체가 이 외부자극이 '불쾌'한지 아닌지를 판정한다. 검치호랑이와의 조우는 공포, 즉 불쾌한 체험이므로 편도체는 '위험'하다는 상황판단을 내려 신속하게 노르아드레날린을 분비한다. 그 순간 취해야 하는 행동은 2가지밖에 없다. 싸우거나 도망치거나.

노르아드레날린이 분비되면 심박수가 올라가고 뇌와 골격근에 혈액이 퍼진다. 싸우든 도망치든 순발력이 필요한 행동을 할 수 있도록 뇌와 몸을 준비상태로 만드는 것이 노르아드레날린의 역할이다. 노르아드레날린이 분비되면 각성도와 집중력이 올라간다. 멍하니 있던 뇌가 정신을 바짝 차리면서 싸울지 도망칠지 순간적으로 정확하게 판단할 수 있도록 뇌의 능력도 크게 올라가는 것이다.

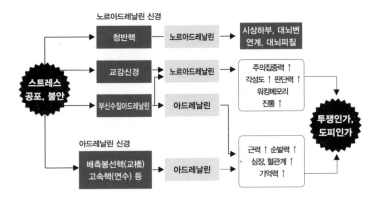

━━━━━ 노르아드레날린과 아드레날린의 기능 ━━━━━

노르아드레날린 신경

스트레스
공포, 불안

청반핵 → 노르아드레날린 → 시상하부, 대뇌변연계, 대뇌피질

교감신경 → 노르아드레날린 → 주의집중력 ↑ 각성도 ↑ 판단력 ↑ 워킹메모리 진통 ↑

부신수질아드레날린 → 아드레날린

투쟁인가, 도피인가

아드레날린 신경

배측봉선핵(교橋) 고속핵(연수) 등 → 아드레날린 → 근력 ↑ 순발력 ↑ 심장, 혈관계 ↑ 기억력 ↑

※ 알기 쉽게 설명하기 위해 주요 경로를 단순화했다.

또한 노르아드레날린에는 '아픔'을 잘 느끼지 못하게 하는 작용도 있다. 일종의 진통작용이다. 검치호랑이와 싸우다 팔을 긁히면 맹렬한 통증을 느낄 것이다. 그러나 그 통증에 괴로워하기만 하면 잠시 후에는 목을 물려 죽을지도 모른다. 위기상황에서는 다소 상처를 입어도 거기 신경 쓸 겨를이 없다. 이런 상황에서 뇌의 작용으로 통증이 진정되면 생존을 위한 싸움을 지속하거나, 그만두고 줄행랑칠 수 있다. 그렇기에 노르아드레날린이 분비되면 아픔을 느끼지 않게 되는 것이다. 실제로 목숨이 걸린 긴박한 상황에서는 아드레날린이나 베타엔도르핀 등 기타 진통

효과가 있는 뇌 내 물질이 함께 분비된다. 다만 노르아드레날린의 역할도 적지 않다는 말이다.

'스트레스'를 활용하면 집중력이 쭉쭉!

전설의 매너강사 히라바야시 선생이 버럭 화를 내며 참가자에게 위압감과 공포감을 주면서 하는 강의 스타일이 극찬을 받을 만큼 큰 효과를 내는 이유가 뭘까? 아마 노르아드레날린의 작용을 생각하면 쉽게 수긍이 갈 것이다.

"이봐요!"

히라바야시 선생의 호통에 참가자는 벌벌 떤다. 이때 참가자의 뇌에는 노르아드레날린이 분비된다. 꾸벅꾸벅 졸음 모드였던 사람은 눈을 번쩍 뜬다. 멍하니 듣고 있던 사람도 집중력이 솟아나 진지하게 듣는다. 그 결과 이해도와 기억 정착도가 상승하여 강의내용을 체득하게 된다.

그런데 질책만 하다 보면 노르아드레날린이 여기에 익숙해져서 집중력이 좀처럼 오르지 않는다. 히라바야시 선생도 기본적으로는 미소 띤 얼굴로 참가자가 잘할 때마다 칭찬을 아끼지 않는다. 보통 때는 노르아드레날린의 스위치를 꺼두는 것이다. 그렇게 해야 스위치를 켰을 때 더 높은 효과를 기대할 수 있다.

나도 직장인을 대상으로 정신건강에 관한 강연을 종종 하는데, 90분간 휴식 없이 집중해서 듣게 하기란 보통 일이 아니다. 그럴 때는 때때로 '호통'을 침으로써 참가자의 집중력을 단숨에 높인다. 이 테크닉이 효과를 발휘하는 순간은 언제일까? 노르아드레날린은 공포를 느꼈을 때 가장 많이 분비되기 때문에, 더 정확히 말하자면, '스트레스'에 직면했을 때라고 할 수 있다. 공포는 강렬한 스트레스 상태이니 말이다.

노르아드레날린은 가벼운 스트레스 상황에서도 분비된다. 예를 들면 회의 중에 갑자기 상사가 누군가를 지명하며 의견을 물으면 다른 사람들도 '다음에는 내가 지목될지 모른다.'고 생각해 약간 긴장한다. 이 정도의 스트레스에도 노르아드레날린이 분비되어 각성도와 집중력이 높아진다. 화내거나 야단치지 않고 '소리를 지르는' 방법도 있다. 갑자기 큰 목소리를 내기만 해도 효과가 있다. 담담하게 이야기하다가 갑자기 큰 소리로 "이 부분이 아주 중요해요!"라고 강조하면 청중은 깜짝 놀라며 주목한다. 거래처 사람과 만났을 때 화를 내거나 꾸짖을 수는 없다. 하지만 목소리를 키워서 강조하는 것은 어렵지 않다. 건성으로 듣던 거래처 담당자가 귀를 기울여줄지도 모른다.

집중력 최고!
'한 방에 역전'도 가능하다

'마감 업무방식'으로 업무효율을 확 높인다

업무방법을 다룬 다양한 책을 읽어보면 종종 '마감을 설정하면 업무효율이 크게 향상된다.'라고 나온다. 예부터 '궁지에 몰린 쥐는 고양이를 문다.', '배수의 진'이라는 말이 있듯이 한계상황에 몰린 인간은 자기 능력 이상의 힘을 발휘한다. 실은 이런 반응도 노르아드레날린과 관련이 있다. 어릴 적 여름방학 내내 놀기만 하다가 개학 하루 전날 모든 숙제를 해치운 경험이 있을 것이다. 미루기만 하던 숙제를 어떻게 하루 만에 다 할 수 있었을까?

이유는 간단하다. 오늘 중에 숙제를 마치지 않으면 내일 선생님한테 혼날 거라는 압박감 때문이다. 회사에서도 이와 유사한 일이 일어난다. '내일까지 납기에 맞추지 못하면 계약위반으로 배상금을 물어야 할지도 몰라.', '오늘 밤 안에 프레젠테이션 자료를 만들지 못하면 큰일 나.', '내일까지 완성하지 않으면 한 달 동안 노력한 게 물거품이 될 거야.' 이처럼 마감이 임박한 상황에서는 상당한 스트레스를 받는다. 공포까지는 아니어도 위기 상황이므로 긴박감과 긴장감에 지배당한다.

이렇게 되면 필연적으로 노르아드레날린이 분비된다. 그 결과 주의력과 집중력이 높아져 엄청나게 효율적으로 일이 돌아간다. 마감이 닥쳐와 단기간에 해치운 일은 수준이 낮을 것이라고 생각하기 쉽지만 내 경험에 비추어보면 그 반대다.

나는 예전에 〈비즈니스 심리학 프리미엄〉이라는 유료 메일매거진을 발행했다. 이 메일매거진을 월 3회 발행했는데 1회 발행하는 내용이 400자 원고지로 50매 정도였다. 단순하게 계산하면 400자×50장=2만 자로 꽤 많은 양이다. 나는 이 메일매거진을 겨우 이틀 만에 완성했다. 이 말을 들으면 대부분의 사람들이 놀라는데 나는 그렇게 정해놓고 일을 했다.

처음에는 1주일을 꼬박 걸려서 2만 자를 썼지만, 그러면 내내 메일매거진만 붙잡고 있어야 해서 다른 일을 할 수가 없었다. 효율이 너무 낮다는 것을 깨닫고 '유료 메일매거진 집필은 딱 이틀 동안만 한다.'라고 스스로 규칙을 정했다. 그러자 1주일 걸렸던 원고를 이틀 만에 쓸 수 있게 되었다. 문장이나 내용의 질이 떨어지기는커녕 오히려 높아졌다.

유료 메일매거진은 발행일이 정해져 있으며 그날 발행하지 않으면 구독료를 받을 수 없는 구조다. 당연히 '이틀 안에 반드시 완성해야 한다.'는 강한 압박감이 든다. 이로써 노르아드레날린이 분비되어 주의력과 집중력이 극대화되었고, 단시간에 질 높은 원고를 집필할 수 있었다.

어떤 일을 할 때 기간이나 시간을 정하기만 해도 효율이 높아진다. 마감이 없는 일도 스스로 마감을 설정하여 압박을 가하면 주의력과 집중력이 올라가는 효과를 볼 수 있다.

단기간에 집중적으로 써야 효과적이다

"지방에 내려가서 1년만 죽을힘을 다해서 일해봐."

상사가 그렇게 말한다면 여러분은 어떤 생각이 들까? 아마도 '1년이나 죽을힘을 다해 일하라니…, 도저히 불가능해!'라고 생각하지 않을까? 1년은 너무 길다. 하지만 "납기까지 1주일 남았군. 죽을힘을 다해 일해보게."라면 그렇게까지 절망적인 기분이 들지는 않을 것이다. 딱 1주일만 더 힘을 내면 목표를 달성할 수 있으니 당연히 의욕이 솟는다.

이번 장에서 소개하는 '노르아드레날린 업무방식'은 쉽게 말해 공포나 스트레스를 이용하여 집중력을 높이는 방법이다. 조금만 생각해보면 알겠지만 이런 방법은 장기간 지속적으로 쓸 수 없다. 아주 중요한 일이나 순간에 한정지어서 사용하는 것이 효과적이다.

상사가 어쩌다 한 번 부하직원의 실수를 엄하게 꾸짖으면 그 직원은 몸과 마음이 바짝 긴장한 채 상사의 말에 귀를 기울일 것이다. 그러나 매일 꾸짖기만 하면 어떨까? 부하직원은 '또 시작이군…' 그렇게 생각하고 끝이다. 겉으로는 얌전히 듣고 있지만 '아, 지겨워. 하나 마나 한 소리, 흘려들어야지.'라고 생각한다. 이처럼 노르아드레날린 업무방식은 익숙해지기 쉽다. 히라바야시 선생의 방식도 그것이 일시적인 상황이어서 가장 효과가 좋았던 것이다. 강의는 길어야 하루이틀이기 때문이다.

스포츠에서도 투장, 맹장이라고 불리는 유형의 감독이 약체팀을 일으켜 세우기 위해 초빙되면, 처음 한두 해는 눈부신 성과를 보여준다. 하지만 곧 그 기세를 잃게 마련이다. 호통을 치는 등 엄격하게 지도하면 팀 전체에 긴장감이 고조되고 선수들도 연습에 좀 더 집중한다. 노르아드레날린형 동기부여다.

하지만 그게 장기적으로 지속되면 익숙해져서 처음과 같은 효과가 나오지 않는다. 선수들이 지치기 시작하고, '의욕을 끌어내던' 질타가 오히려 '무기력'을 만드는 원인이 된다. 많은 이가 "지방에 내려가서 1년만 죽을힘을 다해서 일해봐."라는 말을 듣고 거부감을 갖는 것도 노르아드레날린형 동기부여가 장기적으로 지속되지 않는다는 점을 본능적으로 알고 있기 때문이다.

노르아드레날린이 효과를 발휘하는 것은 어디까지나 단기 결전에 한정된 것이다. 일부 기업은 인건비를 줄이려고 턱없이 부족한 인원에게 지속적으로 과중한 노동을 시킨다고 한다. 이 것은 완전히 잘못된 것이다. 노르아드레날린형 의욕은 반년 이상 계속되면 반드시 소멸한다. 죽을힘을 다해 노력할 수 있는 것은 길어야 1개월이다. 그 이상 계속되면 피로가 누적되어 오히려 효율이 점점 낮아진다.

노르아드레날린과 도파민을
나눠쓴다면?

뻔한 질문 : 해님이 이길까, 바람이 이길까?

《이솝우화》의 '해님과 바람' 이야기를 알 것이다. 어느 날 해님과 바람이 누가 먼저 나그네의 외투를 벗기는지 내기를 한다. 먼저 바람이 있는 힘껏 불어 나그네의 외투를 벗기려 했다. 그러나 추워진 나그네는 옷깃을 여미며 외투를 더욱 꼭 붙잡았다. 결국 바람은 나그네의 외투를 벗기는 데 실패했다. 그러자 해님이 뜨거운 햇볕을 내리쬐였다. 더위를 견딜 수 없던 나그네는 스스로 외투를 벗었다. 해님의 승리였다.

이 우화는 다양한 해석이 가능하지만 나는 이 이야기에 노르아드레날린과 도파민의 작용이 잘 묘사되어 있다고 생각한다.

인간 행동의 동기는 2가지로 나뉜다. 불쾌함을 피하거나 쾌적함을 추구하는 것이다. 이솝우화의 나그네는 차가운 바람이 불었을 때 추위(불쾌함)를 피하기 위해 외투를 꼭 붙잡았다. 반대로 햇볕이 비춰 따뜻해지자 적당한 따스함(쾌적함)을 위해 스스로 외투를 벗었다. 전자는 '노르아드레날린형 동기부여'이고 후자는 '도파민형 동기부여'다.

- 노르아드레날린형 동기부여 :

    공포, 불쾌함, 꾸중을 피하기 위해 노력한다.
- 도파민형 동기부여 :

    즐거움, 상, 칭찬 등 보상을 얻기 위해 노력한다.

자녀교육에 이를 적용하면, 아이가 혼나지 않으려고 열심히 공부하는 것은 노르아드레날린형 동기부여이고, 칭찬받기 위해 열심히 공부하는 것이 도파민형 동기부여다. 두 호르몬은 닮은 듯하면서도 다르다.

또 노르아드레날린형 동기부여는 위험회피, 위기회피형 반응이므로 즉효성이 있다. 한편 도파민형 동기부여는 결과와 보상이 주어지면 '다음에도 열심히 하자!'라고 동기부여를 하기 때문에 본격적으로 작동하기까지 다소 시간이 걸린다. 즉 단기적

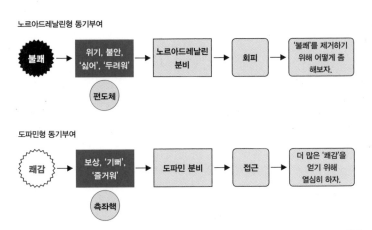

2가지 동기부여

노르아드레날린형 동기부여

불쾌 → 위기, 불안, '싫어', '두려워' → 노르아드레날린 분비 → 회피 → '불쾌'를 제거하기 위해 어떻게 좀 해보자.

편도체

도파민형 동기부여

쾌감 → 보상, '기뻐', '즐거워' → 도파민 분비 → 접근 → 더 많은 '쾌감'을 얻기 위해 열심히 하자.

측좌핵

으로는 노르아드레날린형 동기부여로 열심히 하고, 장기적으로는 도파민형 동기부여로 열심히 하는 것이 최상이라 할 수 있다. 도파민이 잘 나오게 하는 방법은 1장에서 소개했다.

마지못해 하는 사람 vs. 즐겁게 하는 사람

얼마 전 피아노 학원을 운영하는 내 친구가 이렇게 털어놓았다. "엄마가 너무 엄격하면 아이의 피아노 실력이 늘질 않아. 그런 엄마를 어떻게 대하면 좋을지 고민이야." 피아노 실력이 늘기를 바라는 마음은 잘 알겠지만 "왜 그렇게 쉬운 곳을 자꾸 틀리니?", "연습을 안 하니까 실력이 늘지 않잖아!" 하고 신경질적으로 아이를 질책하는 엄마가 많다고 한다. 그나마 피아노 교사 앞이니까 그 정도지 집에서는 더 엄하게 꾸짖을지도 모른다.

그러면 당연히 아이는 위축되어 '억지로' 피아노를 치게 된다. 아무리 연습해도 칭찬받지 못한다면 아이들은 무기력해진다. 당연히 열의도 흥미도 떨어진다. 그러면 결국 실력이 늘지 않아 피아노를 그만둔다. 이런 '악순환'에 빠지면서 피아노로부터 점점 멀어지는 것이다.

반대로 실력이 쑥쑥 느는 아이들의 엄마들은 공통점이 있다고 한다. '소소한 실수는 지적하지 않는다.'와 '칭찬을 잘한다.'는 것이다. 이런 엄마들은 아이의 자유의지를 존중한다. '피아노가 좋다.'는 아이의 마음을 밀어주는 방식으로 아이를 대한다. 아이가 실수를 좀 해도 결코 화내지 않고 "연습을 더 해야지!"라거나 "○○을 해야 할 거 아니야?"라고 강요하지 않는다. 또 이런 엄마들은 꾸중보다 칭찬을 중시한다. 무조건 열광적으로 칭찬하거나 추켜세우는 게 아니다. 아이와 너무 가깝지도 멀지도 않은 거리에서 친근한 태도로 응원하는 것이다.

이런 부모자식 관계를 회사의 팀장과 팀원 관계로 바꿔 생각해보면 어떨까? 노르아드레날린형 지도, 즉 꾸중형 지도는 장기적으로는 절대로 잘될 수가 없다. 무기력한 인간을 양성할 뿐이다. 그리고 평소에 사소한 일로 사사건건 야단을 치면 인간적으로 잘못된 행동을 바로잡고 싶을 때 효과가 나지 않는다. 꾸짖는 것도 무척 중요하지만 매일 저지르는 작은 실수까지 꾸짖으면 안 된다. 그보다는 도파민형 지도를 주축으로 하되 '예의범절 가르치기' 부분에서만큼은 노르아드레날린형 지도를 하자. 이것 역시 균형이 중요하다.

불편을 해소하거나 쾌감을 제공하거나, 이게 전부다

노르아드레날린형 동기부여(불쾌함 회피)와 도파민형 동기부여(쾌감 추구). 이 발상은 상품개발을 할 때에도 활용할 수 있다. 세상의 모든 상품은 크게 2가지밖에 없다. '불쾌함이나 불편함을 해소하는 상품'과 '쾌감을 주는 상품'이다. 가전제품을 예로 들면 세탁기와 청소기는 불편함을 해소하는 상품이다. 일일이 손으로 세탁하거나, 빗자루로 청소하는 것은 귀찮고 번거로운 일이다. 그래서 어느 가정이든 세탁기와 청소기가 구비되어 있다.

한편 TV는 쾌감을 주는 상품이라 할 수 있다. TV는 재미있고 즐거운 것을 아주 쉽게 제공한다. 사람들이 쾌락을 추구하기에 대부분의 가정에 TV가 놓여 있는 것이다.

한편 불편함을 해소하는 동시에 쾌락을 제공하는 상품도 있다. 노르아드레날린형과 도파민형 양쪽을 충족하는 상품이다. 바로 컵라면이다. 컵라면은 '귀찮게 조리해야 하는 수고를 생략해준다.'는 면에서는 불편함을 해소하고, '맛있다'는 면에서는 쾌락을 제공한다.

평소 생활에서 즐겁거나 재미있거나 편리하다고 생각한 순간이 있는가? 그 쾌적함을 콕 집어주는 상품을 개발하면 히트할 수도 있다. 또는 일상생활 속에서 불편하거나 불쾌하거나 귀찮은 점을 개선해주는 상품을 개발해도 히트상품이 될 가능성이 있다. 그렇다면 불편을 해소하는 것과 쾌락을 주는 것 중에 어느쪽이 더 강력할까? 전자인 노르아드레날린형 동기부여가 더 강렬하다. 쾌락은 지금 당장 손에 넣지 않아도 일상생활에 큰 지장이 없지만 불쾌함은 지금 당장 해소하고 싶기 때문이다.

이런 아이디어를 영업현장에서도 활용해보자. 여러분이 취급하는 상품에 대해 '고객의 불쾌함과 불편함을 해소할 수 있을까?', '고객에게 쾌감을 제공할 수 있을까?'라는 관점에서 다시 생각해보면 이제까지와는 다른 접근이 가능해질 것이다. 특히 불쾌함을 제거하는 노르아드레날린형 동기부여는 구입을 유도하는 기폭제 역할을 한다.

"매일 청소기를 돌리는 게 귀찮지 않으세요? 모든 방을 일일이 청소하는 게 보통 일이 아니잖아요. 힘도 들고 시간도 오래 걸리고. 이 로봇청소기는 버튼 하나만 누르면 여러분이 외출한 사이에 집 안 구석구석을 깨끗하게 청소해줍니다!"

노르아드레날린형 동기부여를 이용하면 이렇게 영업패턴을 바꿀 수 있다. 상당히 강렬한 인상을 주지 않는가? 이렇게 인간의 본성에 호소하면 영업실적이 비약적으로 상승할 것이다.

기억력이 떨어진 건
혹시 우울증 때문?

노르아드레날린은 기억력에 영향을 준다

노르아드레날린은 스트레스 반응 외에도 뇌 속에서 무척 중요한 역할을 한다. 그것은 바로 '워킹메모리'다. 워킹메모리는 이른바 '뇌의 메모장'이다. 아주 짧은 순간, 일시적으로 정보를 축적해두는 공간이다. 요리할 때 도마 위에 재료를 올려놓듯이, 뇌가거기에 '정보'를 늘어놓고 작업을 한다고 생각하면 된다. 예를 들어 친구가 휴대전화 번호를 알려줬다고 치자. '1234-5678'을 듣고 그 번호를 주소록에 등록하기까지는 아무리 빨라도 5~10초는 걸린다. 그 몇 초간 '1234-5678'이라는 문자열이 워킹메모리에 일시적으로 저장된다. 그러나 일시적인 저장이기 때문에 시간이 흐르면 곧 잊힌다.

이 워킹메모리를 관장하는 것은 뇌 뒤쪽에 있는 '전두전야'라는 부위다. 전두전야는 인간의 뇌에서 가장 발달한 부위이며 대뇌피질의 약 30%를 차지한다. 고도의 뇌활동을 한다고 알려진 유인원도 전두전야의 비율이 10% 이하였으니, 인간에 비하면 훨씬 적은 편이다. 그래서 전두전야를 '인간의 인간다움을 관장하는 부위'라고도 부른다.

이 전두전야는 뇌 내의 각종 정보가 집합하는 곳이기도 하고, 생각·의사결정·행동조절·감정조절·소통 등 인간의 중요한 행동 대부분을 관장한다. 전두전야에는 도파민이나 세로토닌 등도 분포되어 있지만, 노르아드레날린은 도파민과 비슷한 정도로 워킹메모리와 깊은 관련이 있다. 적당한 노르아드레날린은 적당한 흥분을 일으켜 워킹메모리의 활동을 돕는다. 반면 과도한 노르아드레날린은 과도한 긴장상태를 일으켜 오히려 워킹메모리가 활동하지 못하게 한다. 즉 노르아드레날린의 활성 정도에 따라 워킹메모리의 활동상태가 달라지는 것이다. 그때 중요한 것이 '스트레스'다. 스트레스라고 하면 부정적인 이미지가 먼저 떠오르겠지만 적당한 스트레스는 적당한 노르아드레날린을 분비한다. 그 결과 워킹메모리를 활발하게 하고 뇌의 회전을 가속화해 업무효율과 수준이 높아진다.

뇌에 관한 책을 다수 출간한 도호대학교의 아리타 히데호 교수는 '도파민은 학습뇌, 노르아드레날린은 업무뇌, 세로토닌은 공감뇌'라고 표현한다. 워킹메모리와 밀접한 연관이 있는 노르아드레날린은 '업무뇌'라고 불릴 만큼 다양한 '일'을 하는 데 무척 중요하다.

깜빡하는 실수로 발견하는 우울증

컴퓨터 메모리를 늘리면 프로그램 돌아가는 속도가 눈에 띄게 빨라진다. 노르아드레날린 분비가 늘어나 주의력과 집중력이 향상되고 작업효율이 높아지는 것은 메모리를 늘린 것과 비슷하다. 워킹메모리가 활성화되었을 뿐인데 뇌의 움직임도, 업무효율도 크게 올라간다. 반대로 노르아드레날린 분비가 줄어 워킹메모리의 활동이 둔화되면 이른바 '우울증' 상태가 된다.

우울증 증상으로는 의욕 저하와 기분이 가라앉는 느낌이 대표적이다. 그런데 사람들이 잘 알고 있는 2가지 대표증상은 우울증 초기에는 분명하게 나타나지 않는 경우가 많다. 그에 비해 '주의력 저하와 집중력 저하'는 우울증 초기부터 많은 환자에게 나타난다.

노르아드레날린 활성이 떨어지면 기억을 일시적으로 저장

하는 워킹메모리 기능도 저하되기 때문에 그 증상이 '깜박깜박하는 실수'로 나타난다. 구체적인 행동으로는 '업무상 사소한 실수가 잦아졌다.', '중요한 약속을 자주 깜박한다.', '상대방의 말을 잘못 듣거나 놓치는 일이 많다.' 등이 있다.

이런 징후가 모두 우울증과 직결되는 것은 아니지만, 뇌가 지쳐 있을 가능성은 높다. 뇌 속 노르아드레날린의 활성이 둔화된 상태라는 것이다. 그럴 때는 '과로하지 않았나? 쉴 틈 없이 밀어붙인 게 아닐까?', '휴식을 제대로 취하고 있나?', '잠은 잘 자고 있나?' 등 생활패턴을 점검해보자. 과로하는 습관, 제대로 쉬지 않고 무리하는 습관, 무질서하고 불규칙한 생활습관을 고치지 않으면 정말 우울증에 걸린다.

우울증의 원인에 대해서는 여러 학설이 있고, 한마디로 쉽게 설명할 수 있는 것은 아니지만 그래도 간단히 설명해보겠다. 뇌과학적 측면에서 말하자면 우울증은 '노르아드레날린이나 세로토닌이 바닥난 상태'를 말한다. 스트레스를 받았을 때 분비되는 노르아드레날린은 직장에서나 가정에서 스트레스를 받았을 때 계속 방출된다. 그 상태가 지속되면 결국 노르아드레날린이 바닥난다. 세로토닌에 대해서는 4장에서 자세히 설명하겠지만 이것들은 '이완물질'이라고도 부른다.

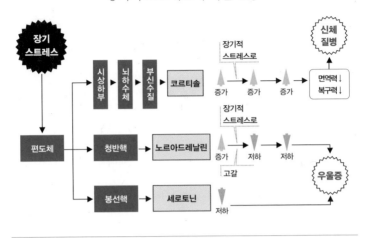

장기적 스트레스에 대한 반응

'스트레스를 느끼는 상태=긴장이 이완되지 않은 상태'이므로 장기간 스트레스에 노출되면 세로토닌이 저하된 상태로 고착된다. 그런데 세로토닌이나 노르아드레날린은 생성되는 속도에 한계가 있다. 생성량 이상으로 분비되는(소비되는) 상태가 장기간 지속되면 이윽고 바닥을 드러낸다. 그리고 우울증 상태가 지속되면 노르아드레날린이나 세로토닌을 생성하는 속도 자체가 느려져 더욱더 쉽게 고갈된다.

만성적 스트레스는 노르아드레날린에도, 세로토닌에도 영향을 끼친다는 말이다. 뇌 내 물질을 생성하고 분비하는 데는 개인차가 있다. 같은 직장에 근무하며 똑같은 스트레스를 받아도, 노르아드레날린과 세로토닌이 원활하게 분비되는 사람이 있고 그렇지 않은 사람이 있다. 격무에 시달려 스트레스를 받기 쉬운 직장에서도 우울증에 걸리는 사람이 있고, 거의 영향을 받지 않는 사람이 있다. 개인차가 존재하는 게 당연하다. 그런 직장에서 우울증에 걸리면 상사에게 '못난 인간', '나태한 사람'으로 찍히는 일조차 있다니, 정말 이상한 이야기다.

스트레스에 과민하게 반응하거나 뇌 내 물질의 생성이 저하되는 것은 생물학적 요인도 크다. 이런 뇌과학적 변화 때문에 우울증이 생겼는데, 그런 사람에게 '마음먹기 달렸다.', '정신력으로 이겨내라.', '노력하면 돌파할 수 있다.'는 조언은 아무리 생각해도 무책임하다.

하기 싫은 일을 잘 해내는 테크닉

그렇지만 직장인은 하고 싶은 일보다 하기 싫은 일을 해야 하는 경우가 훨씬 많을 것이다. 상사도, 거래처도 자기들의 요구 사항만 강요하니 말이다. 이렇게 불쾌한 업무를 할 때 좀 더 건강하게 대처하는 방법은 없을까? 4가지를 제안하겠다.

- 노르아드레날린의 '배수의 진' 효과를 빌려 신속하게 일을 처리한다.
- 불쾌한 일에서 쾌감을 발견한다. '리프레이밍'으로 긍정적 사고를 한다(리프레이밍에 관한 상세한 내용은 48쪽 참조).
- 자신에게 상을 주어서 그 일을 불쾌하지 않은 일로 만든다.
- 불쾌한 일을 차단한다.

조지 클루니가 주연한 '인 디 에어Up In The Air'라는 영화가 있다. 아카데미상 남우주연상 후보에 오를 정도로 재미있고 잘 만든 영화였는데, 나는 그걸 보면서 동기부여에 대해 생각해보았다.

주인공 라이언은 '해고 전문가'다. 기업 대신 직원에게 해고를 선언하는 것이 그의 일이다. 해고선고를 받은 사람은 눈앞에서 울먹이며 무너지거나 격렬하게 분노를 터뜨린다. 솔직히 나서서 하고 싶은 일은 아니다. 라이언도 그 점을 알지만 아주 높은 동기를 유지하며 열심히 일한다. 즉 불쾌한 일이지만 매일 의욕적으로 일한다는 말이다. 대체 어떻게 그는 의욕을 유지할 수 있었을까?

그 비밀은 바로 항공사 '마일리지'다. 조지 클루니가 분한 라이언은 1년 중 322일은 출장 중이다. 비행기를 타고 미국 전역을 누비기 때문에 당연히 항공사의 마일리지가 엄청나게 쌓인다.

라이언이 가진 가장 큰 꿈은 1,000만 마일리지를 모으는 것. 일 자체에서 기쁨이나 성취감을 찾지 못하므로 '자신에게 상을 주는' 방법으로 동기부여를 하는 것이다. 아무리 노력해도 지금 하는 일이 즐겁지 않다면 다른 즐거움을 찾는 것도 방법이라는 말이다.

잘 쉬는 방법을 궁리해서
노르아드레날린을 조절한다

'아무리 바빠도 즐거우면 괜찮아'는 큰일 날 소리

스트레스를 지속적으로 받으면 노르아드레날린이 부족해지고, 그런 상황이 장기화되면 우울증에 걸릴 위험이 있다. 이런 사태를 피하려면 장기적으로 스트레스를 받지 않아야 한다. 확실하게 '쉬는 것'이 그 비결이다.

최근에는 대체휴일제 덕분에 사흘연휴가 늘어났다는 게 다행이라면 다행이다. 언젠가 사흘연휴 전날 밤에 열린 파티에서 한 기업가가 "요즘 휴일이 너무 많지 않나요? 저는 일하는 걸 좋아해서 일을 더 하고 싶다니까요." 하고 말하는 것을 들었다. 나는 그의 생각에 절대 찬성할 수가 없다. 일을 정말 좋아하는 사람은 아무리 일을 많이 해도 우울증에 걸리지 않는다고 그는 생각하는 것 같은데 잘못된 생각이다. 스트레스에는 좋고 싫음이 없기 때문이다.

내 친구 B도 자발적인 일벌레였다. 주중에는 매일 당연하게 야근을 했고, 휴일에도 어김없이 출근했다. 한마디로 '일 지상주의'의 삶이었다. 나는 B를 만날 때마다 "최소한 주말에는 푹 쉬어야 해."라고 입이 닳도록 조언했지만, 돌아오는 대답이라고는 "난 일하는 게 정말 좋아. 매일 즐거워서 스트레스가 전혀 없다고!" 하는 소리뿐이었다. 마이동풍이 따로 없었다.

한동안 B에게서 연락이 없다 싶었는데 어느 날 정신과 병원에 입원했다는 이야기를 들었다. 우울증이었다. 정신적 긴장은 좋고 싫음과 상관없이 전부 스트레스다. 여기서 중요한 것은 스트레스에서 해방되는 '이완시간'을 확보해야 한다는 것이다. 그 시간만큼은 노르아드레날린이 분비되지 않으므로, 노르아드레날린이 정상적으로 생성될 수 있다.

일할 때는 '완급'을 의식하며 해야 한다. 일할 때는 열심히 집중하고, 일을 하지 않을 때는 푹 쉬거나 마음껏 논다. 이런 재충전 시간을 확보하면 팽팽하게 잡아당겨진 긴장의 끈이 아예 끊어지거나 늘어져버려 노르아드레날린이 계속 흘러나오는 상태가 되는 것을 방지할 수 있다.

스마트폰 시작버튼은 노르아드레날린 시작버튼

한번은 친구들과 온천여행을 갔다. 그때 내 친구 D는 30분마다 한 번씩 스마트폰으로 메일을 확인했다. 쉬기 위해, 즉 재충전하기 위해 온천에 왔건만 D의 정신은 온통 업무메일에 가 있었으니 휴식이 제대로 될 리가 없었다.

주의한다, 의식한다, 염두에 둔다…. 이것들은 워킹메모리가 작동하는 상태다. 업무메일이 와 있지는 않은지 신경 쓰는 것은 워킹메모리를 사용하고 있는 상태라는 뜻이다. 당연히 노르아드레날린이 필요하다. 그러니 재충전을 위한 여행을 하는 동안만이라도 스마트폰을 꺼두자. 일의 온오프는 곧 노르아드레날린의 온오프다. 휴일이나 휴가 때만이라도 완전히 꺼두기 바란다.

반대로 20년 지기인 작가 Y는 여행갈 때 아예 휴대전화를 집에 놓고 간다고 했다. 휴대전화를 가지고 가면 여행 중에도 반드시 업무에 관한 연락이 오기 때문이다. 그러면 쉬는 게 쉬는 게 아니므로 개인적인 여행을 갈 때는 아예 집에 휴대전화를 두고 온다는 것이다. 이렇게까지 할 수 있는 사람은 별로 없겠지만 훌륭한 습관이다. 그러면 1~2박의 짧은 여행이어도 완전히 쉴 수 있기 때문이다. 쉴 때는 일을 완전히 잊고 모든 스위치를 꺼두자. 이것이 뇌를 쉬게 하는 방법이자 이상적으로 휴일을 즐기는 방법이다.

평범한 식사를 잘 챙겨 먹으면 문제없다

무엇을 먹느냐에 따라서도 노르아드레날린의 상태가 달라진다. 식사로 집중력과 워킹메모리를 향상시킬 수 있다니 흥미롭지 않은가? 노르아드레날린이 생성되려면 필수 아미노산인 페닐알라닌이 반드시 있어야 한다. 필수아미노산은 체내에서 합성할 수 없는 아미노산을 말한다. 그래서 식사를 통해 섭취하지 않으면 결국 결핍상태가 된다. 페닐알라닌은 고기, 생선, 콩, 단호박, 달걀, 우유, 치즈, 견과류(아몬드나 땅콩) 등에 함유되어 있다.

이것들은 특별한 식재료가 아니다. '평소에 하는 식사'를 제대로 하면 부족할 일이 없다. 페닐알라닌이 부족한 사람은 편식이나 극단적 다이어트 등으로 평범한 식사를 하지 못했을 가능성이 높다. 또 페닐알라닌에서 노르아드레날린을 생성하려면 '비타민C'가 꼭 필요하다. 비타민C가 부족하면 원료인 페닐알라닌이 충분해도 노르아드레날린이 원활하게 생성되지 않는다. 비타민C는 브로콜리 · 피망·· 소송채 등의 녹황색 채소, 레몬 · 딸기 · 귤 · 그레이프프루트 · 감 · 키위 등 과일에 많이 들어 있다. 레몬 100개분의 비타민C가 들어간 건강기능식품이나 음료도 판매되는데, 비타민C는 과다복용하면 몇 시간 뒤 체외로 배출된다. 그런데 이렇게 많은 양의 비타민C를 한 번에 섭취하는 것은 의미가 없고 세끼 식사에서 조금씩 균형 있게 섭취하는 것이 훨씬 효과적이다.

　페닐알라닌은 4장에서 이야기할 세로토닌을 생성하는 '트립토판'과 함께 '우울증 예방과 치료에 효과적'이라고 알려져 있다. 그래서인지 페닐알라닌이 들어간 건강기능식품도 많이 팔리고 있다. 그러나 이런 건강기능식품이 우울증 예방이나 치료에 효과가 있었다고 발표한 대규모 의학연구는 거의 없다. 또 페닐알라닌이 들어간 건강기능식품을 대량 섭취해 노르아드레날린이 많이 생성되어서 집중력이 높아졌다는 실험결과도 없다. 페닐알라닌이 부족한 상태에서는 기능저하를 일으키지만, 과다하게 섭취한다고 기능이 향상되는 것은 아니라는 말이다. 이러한 점은 도파민의 원료인 '티로신'도 마찬가지다. 필수아미노산이나 비타민은 식사를 통해 섭취하는 것이 가장 좋다. 그 어떤 건강기능식품보다 균형 잡힌 매일의 식사가 더 효과적이다.

짧고 임팩트 있게 활용하는 노르아드레날린

☐ 뇌 내 물질인 노르아드레날린은 '투쟁 또는 도피'라는 상황에서 분비된다.

☐ 공포나 불안에 의해 노르아드레날린이 분비되면 주의집중력과 각성도가 오른다.

☐ 노르아드레날린에 의한 동기부여는 단기적으로는 최대 효과를 낼 수 있다.

☐ 마감을 설정하면 업무효율이 크게 오른다.

☐ 도파민형 동기부여(=칭찬한다)와 노르아드레날린형 동기부여(=꾸짖는다)를 조화롭게 활용한다.

☐ '불쾌함을 피하는' 노르아드레날린형 동기부여에 비즈니스 찬스가 있다.

☐ '깜빡하는 실수'가 많아졌다면 뇌가 지쳐 있다는 증거다. 휴식이 필요하다는 적신호이기도 하다.

☐ 아무리 즐거워도 일을 하면 스트레스가 쌓인다. 일을 쉬지 않고 지나치게 오래 하지 않도록 주의하자.

☐ '일'은 생각하는 것만으로도 스트레스를 받는다. 쉴 때는 스마트폰을 끄고 일 생각을 완전히 잊어버리는 것이 중요하다.

신체능력과
몰입 에너지가 필요할 때

아드레날린

Chapter **3**

분노,
너무나 익숙한 마음상태

이신바예바의 금메달은 아드레날린 덕분

베이징올림픽 여자 장대높이뛰기에서 금메달을 딴 러시아 국가대표 엘레나 이신바예바 선수를 기억할 것이다. '여자선수는 불가능하다.'는 마의 5m를 처음으로 뛰어넘었고, 지금까지 28번이나 세계기록을 갈아치웠다. 베이징올림픽에서도 5.05m라는 세계신기록을 세웠다. 이신바예바 선수는 어느 인터뷰에서 이런 질문을 받았다.

"실제로 얼마나 높이 뛸 수 있나요? 연습에서는 5.2m 정도는 뛸 수 있지 않나요?"

이 질문에 그녀는 이렇게 대답했다.

"그렇게 높이 뛰지는 못해요. 아무리 높아도 4.8m 정도죠. 연습할 때는 시합 때처럼 아드레날린이 나오지 않으니까요. 그런 연습을 할 필요도 없고, 기본적인 반복연습이 중요해요."

나는 매우 지당한 말이라고 생각했다. 세계기록을 계속해서 갈아치운 선수가 '아드레날린'을 의식하며 연습하고 시합에 임했다는 사실을 깨달았기 때문이다.

아드레날린은 공포나 불안을 느낄 때 교감신경의 지령을 받아 부신수질에서 분비되는 '투쟁'과 '도피'를 돕는 호르몬이다. 아드레날린이 혈액을 타고 방출되면 심박수와 혈압이 올라가면서 근육에 혈액이 퍼진다. 또 혈당을 높이고 동공이 확장되며 뇌의 각성도와 주의집중력을 높여 신체와 뇌를 '임전상태'로 만든다.

여기까지 읽으면 앞장에서 나온 노르아드레날린과 비슷하다고 생각할 것이다. 아드레날린과 노르아드레날린. 이름도 비슷하다. 둘 다 공포와 위험을 회피하기 위한 '도피 호르몬'이다. 그렇지만 두 호르몬이 완전히 같진 않다. 주로 뇌와 신경계를 중심으로 활약하는 것이 노르아드레날린이고, 뇌 이외의 신체장기, 특히 심장과 근육을 중심으로 영향을 미치는 것이 아드레날린이라는 차이점이 있다. 노르아드레날린과 아드레날린, 도파민은 모두 흥분계 신경전달물질로서 서로 밀접한 관련이 있다.

티로신   L-DOPA   도파민

아드레날린   노르아드레날린

아드레날린은 '티로신 → L-DOPA → 도파민 → 노르아드 레날린 → 아드레날린'이라는 과정을 거쳐 생·합성된다. 노르아 드레날린이 부신수질에서 아드레날린으로 변환되는 것이다. 자 세히 살펴보자면 노르아드레날린은 부신 이외에 교감신경 말단 에서도 분비되지만, 아드레날린은 부신에서만 분비된다.

노르아드레날린과 아드레날린 수용체는 뇌 내를 비롯한 전 신에 존재한다. 다만 비율을 보면 노르아드레날린 수용체는 뇌 에 주로 분포되어 있고 아드레날린 수용체는 전신의 장기에 분 포되어 있다. 특히 심근과 평활근 등의 근육에 많다. 그래서 아드레날린은 심장과 근육을 중심으로 활약한다. 한편 아드레날린은 집중력 증강효과와 기억정착에도 깊이 관여하고 있어 뇌 내 정신기능에도 중요한 역할을 담당한다.

미국에서 '아드레날린'이라는 용어를 쓰지 않는 이유

'아드레날린'이라는 용어는 주로 일본과 한국, 유럽에서 쓰인다. 미국은 아드레날린과 노르아드레날린 대신 각각 에피네프린, 노르에피네프린이라는 용어를 쓰고 있다. 아드레날린을 처음 발견한 것은 일본인이다. 1900년 무렵 다카미네 조키치가 소의 부신에서 아드레날린을 세계 최초로 결정화하는 데 성공했다. 다카미네 조키치는 이화학연구소의 설립자 중 1명이며 소화효소인 다카디아스타제를 발명한 사람으로도 유명하다.

그런데 비슷한 시기에 미국과 독일에서도 유사한 연구가 진행되었다. 미국 연구자인 아벨John Jacob Abel은 양의 부신에서 분리한 물질에 '에피네프린'이라는 이름을 붙였다. 그런 연유로 미국에서는 에피네프린이라는 용어를 사용한다.

다카미네 조키치의 생애와 아드레날린 발견에 관해서는 영화 '벚꽃, 벚꽃~ 사무라이 화학자 다카미네 조키치의 생애~'에 자세히 나온다. 당시로서는 드물게 미국인과 결혼하여 미국에

건너가 연구생활을 했던 다카미네의 활기찬 성격이 잘 묘사된 작품이다.

영화 이야기를 하나 더 하자면 '아드레날린 24'라는 영화도 있다. '트랜스포터'로 유명해진 제이슨 스타뎀이 주연을 맡은 영화이며 원제는 '크랭크Crank'(각성제의 속어 - 옮긴이)이다. 살인 청부업자인 체브(제이슨 스타뎀)은 어느 날 아침 눈을 뜨자 숙적 베로나에게 약물을 주사당한 후였다. 1시간 만에 심장이 멎는 맹독이다. 독의 활동을 멈추려면 아드레날린이 계속 분비되어야 한다. 체브는 운동, 주먹다짐, 위험한 상황에 뛰어들기, 성행위 등 온갖 '흥분'을 통해 아드레날린을 방출하면서 베로나에게 복수하기 위해 단서를 찾아 거리를 질주한다. 약간 코믹한 B급 액션영화로 개연성이 떨어지는 부분이 있긴 하지만 '아드레날린을 계속 분비시키지 않으면 죽는다.'는 설정이 꽤 참신했다. 무엇보다 이 영화를 보면 아드레날린을 분비하는 방법을 잘 알 수 있다.

한국과 일본에서 이 영화의 제목을 '아드레날린'으로 번역한 것을 보면, 아드레날린이 대중에게 꽤 친숙한 것 같다. "아드레날린이 나오고 있어.", "아드레날린을 분비시켜!"라는 표현이 일상생활에서 흔히 등장하는 데다, 노래 제목도 있다. 그뿐 아니라 '아드레날린 정키'라는 말도 있다. 평온한 일상에 만족하지 못하고 아드레날린이 나오는 흥분과 위험, 스릴을 항상 추구하는 사람을 가리킨다. 스카이다이빙이나 번지점프, 모터크로스바이크 등 강한 흥분과 공포감을 주는 스포츠에 도전하는 사람을 말한다. 이들은 일할 때 바쁘지 않으면 보람을 느끼지 못해 위험성이 큰 일이나 마감이 임박한 일을 선호하고, 야근이나 주말출근을 즐긴다. 일반적으로 '아드레날린이 분비된다.'는 말은 '신경이 흥분해 고조되었다.'는 의미로 쓰인다. 그렇다면 실제로 아드레날린은 어떻게 기능하는 걸까?

아드레날린으로
신체능력을 끌어올린다

금메달을 안겨준 '샤우팅'

해머던지기 선수들이 해머를 던지기 전에 포효하는 모습을 TV에서 본 적이 있을 것이다. 해머뿐 아니라 창던지기, 원반던지기 선수들도 상당수가 던지기 전에 소리를 크게 지른다. 왜 그럴까? '기합을 넣기 위해'라는 심리적 이유를 생각하는 사람도 많겠지만 실은 그렇지 않다. 이것은 아드레날린을 분비하기 위해서다.

소리를 크게 지르면 뇌가 자극을 받아 아드레날린이 분비된다. 이 '샤우팅 효과'는 실험에서도 밝혀졌다. 샤우팅은 다른 스포츠에서도 활용된다. 예를 들어 배구경기에서 선수들은 경기가 끝나기 직전이나 타임아웃이 끝나고 다시 시작될 때 '파이팅!' 하고 소리를 지른다. 야구경기에서도 경기 시작 전에 함성을 질러 기분을 고조시키고 단결심을 고취한다. 격투기나 검도선수들도 공격하는 순간이나 공격하기 전에 소리를 질러 '기합'을 넣는다. 아드레날린으로 심리적 단합을 꾀하는 동시에 근육에 힘이 솟게 하는 것이다.

일을 할 때에도 대형 프로젝트를 시작하기 전에 '파이팅!'을 외치는 경우가 종종 있다. 사무실에서 일하는 사람이 근력을 쓸 일은 별로 없지만, 아드레날린은 집중력과 판단력도 높인다. 샤우팅으로 아드레날린을 활성화하는 것은 업무에도 유효하다는 말이다. 다만 아드레날린이 분비되려면 꽤 크게 외쳐야 한다. 운동선수들처럼 뱃속에서 솟구치는 '포효'를 해야 아드레날린이 분비된다. 그러니 이왕 함성을 지른다면 배에 힘을 딱 주고 뱃속에서 쥐어짜듯이 소리를 크게 질러야 한다. 그러면 아드레날린 분비 효과를 얻을 수 있다. 아드레날린 효과는 크게 2가지로 분류된다.

- 신체에 대한 효과 : 신체 기능과 근력을 일시적으로 높인다.
- 뇌에 대한 효과 : 집중력과 판단력을 높인다.

집에 불이 나자 쇠약한 할머니가 갑자기 큰 장롱을 들고 달려 나왔다는 이야기가 있다. 소위 말하는 '초인적인 힘'인데 이 초인적 힘의 원천이 바로 아드레날린이다. 야구선수가 "공이 멈춘 것처럼 보였다."고 말하거나 프로 권투선수가 "상대방의 펀치가 천천히 오는 것처럼 보였다."고 말하는 것도 아드레날린이 영향을 주었기 때문이다. 아드레날린이 분비된 상태에서는 시간이 느리게 흐르는 듯 느껴지는데, 주의해야 할 점은 아드레날린의 효과가 길어야 30분이라는 것이다.

야구경기가 시작되기 전에 "파이팅!" 하고 함성을 질러 아드레날린 분비를 유발해도 그 경기가 끝날 때까지 기세를 유지할 수는 없다. 하지만 샤우팅은 궁지에 몰렸을 때 국지적으로 이용하면 그 효과가 2배로 뛴다. 시합 중에 이제 1점만 더 따면 승리하거나 1점이라도 빼앗기면 지는 국면에서 선수들은 감독의 지시를 받아 원을 그리며 모인다. 그리고 파이팅을 외친다. 이것은 심리적 유대와 단결을 강화할 뿐 아니라 뇌과학적 측면에서도 무척 큰 의미를 갖는다.

종종 '위기는 또 다른 기회'라고 하는데 이것 역시 뇌과학적으로 맞는 말이다. 막다른 골목이다 싶어 불안과 공포를 느끼는 순간, 아드레날린과 노르아드레날린이 분비되기 때문이다. 그 결과 신체기능과 집중력이 향상되어 평소 실력 이상의 힘을 발휘할 수 있다.

또 아드레날린은 '분노'에 의해서도 분비된다. 격투기 시합을 보면 선수가 시합 전에 상대방을 노려보거나 욕설을 퍼붓는 등 노골적으로 분노를 드러내는 장면이 나온다. 이것은 자신의 분노를 의도적으로 끌어내기 위해서가 아닐까? 스스로를 분노상태로 몰아넣음으로써 의식적으로 아드레날린을 분비시켜 근력 증강 효과를 이끌어내는 것이다.

지나치게 흥분하면 통제가 안 된다

심장이 터질 듯이 뛴다. 손에 땀을 쥔다. 겨드랑이도 땀으로 흥건히 젖어온다. 너무 흥분한 나머지 머리가 멍해진다. 이런 징조가 보일 때는 '아드레날린 과잉분비'가 아닌지 우려해야 한다. 운동선수가 "근육이 돌처럼 굳어서 생각처럼 움직일 수 없었다."는 말을 할 때가 있다. 이처럼 긴장한 나머지 혈압이 지나치게 상승하고 근육에 과도하게 혈액이 몰리면 최상의 실력을 발휘할 수 없다. 아무리 '위기는 기회'라고 해도 너무 궁지에 몰린 상태에서는 아드레날린이 부정적으로 기능한다는 말이다.

또 격투기 시합에서 선수가 흥분한 나머지 과잉공격을 하는 장면도 심심치 않게 보인다. 특히 서서 상대방과 싸우는 격투기 종목에서 쓰러진 선수를 공격하는 것은 반칙이다. 심하면 반칙패를 당할 수도 있다. 그럼에도 그렇게 하는 사람은 아드레날린 과잉분비가 의심된다. 심한 짓을 한 뒤에 "벌컥 화가 나서 머릿속이 텅 비었다."고 말하는 사람이 있는데 이것도 같은 이유다. 아드레날린이 너무 많이 나왔기 때문이다.

아드레날린이 적당하게 분비되면 근력과 집중력이 향상되어 자신의 본래 실력 이상으로 뛰어난 결과를 낼 수 있다. 하지만 과잉분비되면 이성을 잃고 폭주해 뭐가 뭔지 알 수 없게 된다. 아니면 근육이 굳어져 최상의 성과를 내지 못한다. 아드레날린도 적절하게 분비되어야 좋지 과잉분비는 오히려 부정적인 결과를 낳는다는 점을 잘 기억해두자.

켜는 법, 끄는 법을
알아두자

절대 24시간 싸우지 마라

예전에 어느 영양음료 CF에 이런 문구가 나왔다. "24시간 싸울 수 있습니까?" 낮에도 정력적으로 일하고, 날마다 야근을 마다하지 않는 사람. 이렇게 24시간 싸울 수 있는 '비즈니스 워리어'가 멋지다고 생각하는 걸까? 그러나 절대 24시간 싸우면 안된다. 앞에서 말했듯이 아드레날린은 위기극복을 도와주지만, 과잉분비되면 심장이 터질 듯이 두근거리며 극도로 긴장하거나 이성을 잃는 등 안 좋은 상황에 빠뜨린다.

아드레날린은 적군일까, 아군일까? 결론부터 말하면 아드레날린은 '강력한 아군'이자 '생명을 위협하는 적군'이다. 아드레날린은 이른바 '승부물질'이다. 위기에 처했을 때나 막다른 골목에 몰렸을 때처럼 승부를 가르는 국면에서는 우리가 가진 잠재력을 끌어낸다. 그런 의미에서 아드레날린은 반론의 여지없이 강력한 아군이다. 아드레날린을 끌어내면 자기 실력 이상의 성과를 발휘할 수 있다. 그러니 이 매력에 빠지면 일상생활에서도 아드레날린의 힘을 빌리고 싶어진다. 아드레날린의 쾌감에 몸을 맡기고 흥분이나 위험, 공포를 추구하게 되는 것이다. 이것이 앞에서 말한 '아드레날린 정키'다.

  - 24시간 싸우고 또 싸운다.
  - 야근을 하는 자신을 좋아한다.
  - '나는 일하는 게 정말 좋아.'라고 말한다.
  - 휴일에 출근하는 자신에게 만족감을 느낀다.

이런 사람들이 아드레날린 정키이며, 나아가 '일 의존증'일 수 있다. 정신과의사로서 나는 이런 사람들에게 일을 너무 많이 하는 것은 좋지 않다고 조언한다. 하지만 "일벌레가 어때서! 내가 어떤 라이프스타일을 추구하든 내 자유야!"라고 반론하는 사람도 많다. 물론 삶의 방식을 결정하는 것은 개인의 자유다. 그러나 과격하게 아드레날린을 방출하는 생활을 계속하면 결국 병에 걸리고 만다. 어느 날 갑자기 심근경색이나 뇌졸중으로 쓰러져 사망에 이르기도 한다.

잠시도 쉬지 않고 일만 하는 아드레날린 정키 스타일의 생활은 무척 위험하다. 지금은 충실한 나날을 보낸다는 생각에 흡족할지 몰라도 심장질환, 뇌졸중, 당뇨병, 암 등 신체적 질병뿐 아니라 우울증 같은 마음의 병을 부를 수도 있다. 그 이유는 아드레날린이 '스트레스 호르몬' 중 하나이기 때문이다.

아드레날린은 천사이자 악마

아드레날린과 노르아드레날린은 스트레스 호르몬의 일종이므로 스트레스에 반응해 빠르게 분비된다. 이 호르몬들로도 스트레스에 대처하지 못할 경우에는 뇌하수체에서 ACTH(부신피질자극 호르몬)이 분비되고 부신피질에서 코르티솔이 분비된다. 아드레날린과 코르티솔은 스트레스 반응에 대한 '몸과 마음의 구급차'이다. 아드레날린은 스트레스 호르몬의 선발부대이고 코르티솔은 후발부대다. 당연히 후발부대가 더 강력하게 기능한다.

'스트레스 호르몬'이라고 하면 나쁜 호르몬처럼 들릴 수도 있지만, 사실은 순환기계, 내분비계, 면역계 등 전신에 작용하여 각종 스트레스로부터 몸을 지켜준다. 우리를 보호해주는 '착한

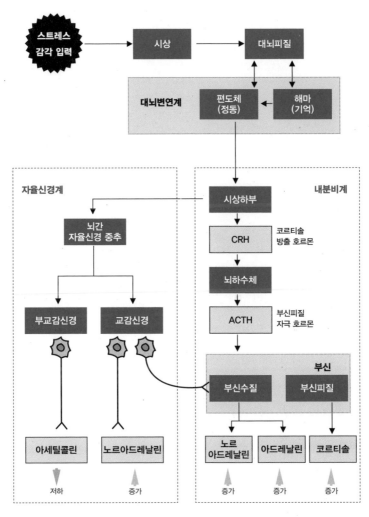

스트레스 반응

※ 알기 쉽게 설명하기 위해 실제 신경계와 뇌기능을 단순화했다.

호르몬'인 것이다.

누구나 매일 아드레날린과 코르티솔이 분비된다. 코르티솔의 경우 이른 아침에 많은 양이 분비되다가 점점 줄어들어 밤에는 적어진다. 아드레날린도 낮에는 많은 양이, 밤에는 적은 양이 분비된다. 이렇게 낮과 밤에 따라 규칙적으로 반복되는 체내 리듬을 '서커디안 리듬Circadian rhythm' 혹은 '일주기 리듬'이라고 한다. 즉 깨어 있을 때 겪는 생활 자체가 전부 스트레스이므로 그에 대응하기 위해 매일 아드레날린과 코르티솔이 분비되는 것이다. 아드레날린과 코르티솔 분비는 생리적인 반응이므로 전혀 문제될 게 없다.

그런데 밤에도 코르티솔의 혈중 수치가 높으면 문제다. 코르티솔에 있는 '면역억제작용'이 체내 면역활동을 저하시켜, 그 영향으로 감염방어력이 약화되고 감염병에 걸릴 수 있다. 림프구 활동도 억제하므로 암에 대한 면역력도 약화되어 암에 걸리기 쉬워진다. 또한 인슐린 작용을 억제하므로 코르티솔이 높은 상태가 장기적으로 지속되면 비만의 원인이 되고 당뇨병에 걸리기 쉽다. 우울증 환자도 코르티솔이 높은 경향이 있는데, 이것 역시 연관성이 전혀 없다고 할 수는 없다.

인간의 몸은 낮에는 활발하게 움직이고 밤에는 휴식을 취하도록 만들어져 있다. 그래서 시간의 변화에 따라 다른 호르몬이 나온다. 그런데 야간에도 스트레스 반응이 이어져 하루 종일 스트레스 호르몬이 활동하게 되면 '몸과 마음의 구급대'가 지쳐버린다. 아드레날린도, 코르티솔도, 낮에는 곁에 두고 싶은 천사이지만 밤이 되면 악마로 변신한다. 밤늦게까지 야근을 하거나, 잠시도 쉬지 않고 긴장감을 주는 환경, 만성적 수면부족을 만드는 불규칙한 생활패턴 등이 악마의 얼굴을 한 스트레스 호르몬을 활동하게 하는 원인이므로 그런 요인을 없애고 천사인 상태를 유지해야 한다.

우리 몸의 장기는 자율신경에 의해 조절되는데 이러한 자율신경계는 교감신경과 부교감신경으로 나뉜다. 교감신경은 '낮에 활동'하는 신경이고, 부교감신경은 '밤에 휴식'하는 신경이다. 낮에는 교감신경이 활성화되어 전신의 장기가 활발하게 움직인다. 그러나 밤에는 부교감신경이 활성화되어 '휴식모드'에 들어간다. 낮에 실컷 일한 장기를 밤에 쉬게 해서 회복시키는 것이다.

밤에 고속도로를 달리다 보면 2차선 도로 중 한 차선을 막고 도로공사를 하는 모습을 볼 수 있다. 낮에 많은 차가 달려서 손상된 도로를 밤새 수리, 복구하는 것이다. 이와 같은 일이 우리 몸에도 일어나고 있다고 생각해보자. 자율신경계를 억제하는 주요 뇌 내 물질은 아드레날린, 노르아드레날린, 아세틸콜린이다. 아

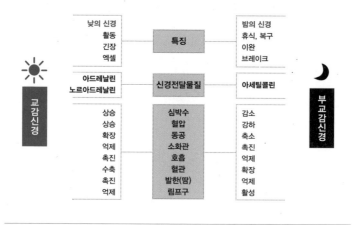

교감신경과 부교감신경의 균형

교감신경		특징		부교감신경
	낮의 신경 활동 긴장 엑셀	특징	밤의 신경 휴식, 복구 이완 브레이크	
	아드레날린 노르아드레날린	신경전달물질	아세틸콜린	
	상승 상승 확장 억제 촉진 수축 촉진 억제	심박수 혈압 동공 소화관 호흡 혈관 발한(땀) 림프구	감소 강하 축소 촉진 억제 확장 억제 활성	

드레날린은 교감신경계에 작용하기 때문에 밤에도 아드레날린이 분비되면 장기가 회복되지 않아 면역력이 저하된다. 아드레날린 분비를 낮과 밤에 따라 온오프하는 것은 교감신경과 부교감신경 스위치를 온오프하는 것과 같은 의미다.

잘 쉬는 사람이 마지막에 웃는다

이른바 '일벌레'는 2가지 유형으로 나뉜다. 하나는 맹렬하게 일해서 그 분야에서 큰 성공을 거두고 오래 사는 사람, 또 하나는 일벌레로 열심히 일했지만 한창 일할 때인 40~50대에 갑자기 심근경색이나 암 같은 중병에 걸리는 사람이다. 두 유형의 차이점, 천국과 지옥의 경계선은 어디에 있을까?

'병에 걸린 사람은 운이 없어서.' 그렇게 생각할 수도 있겠지만 결코 운 때문만은 아니다. 대부분의 병, 특히 성인병에 걸리는 사람은 병에 걸려도 이상하지 않은 생활습관을 갖고 있다. 과로, 긴장의 연속, 휴식부족, 수면부족, 편식 등 몸에 좋지 않은 불건전한 생활습관 말이다.

나는 '솔로몬류'라는 TV프로그램을 즐겨보는데, 화제의 인물이나 주목받는 인물을 소개하는 다큐멘터리다. 인물 다큐멘터리 프로는 많지만 '솔로몬류'의 독특한 점은 '휴식시간(오프타임)을 보내는 법'에 초점을 맞췄다는 것이다.

역시 일에서 일류인 사람은 휴식에서도 일류다. 그들은 공통적으로 낮에 열심히 일한다. 밤시간과 휴일, 자투리 휴식시간에는 자신의 취미나 취향을 위해 시간을 보내거나 가족, 친구와 느긋하게 쉰다. 일만 열심히 하는 것이 아니라 일을 하지 않는 시간에 일 이외의 놀이나 취미에 열중한다. 일과 휴식의 모드전환이 유연하고, 일 이외의 양질의 '휴식시간'을 가짐으로써 아이디어 발상력과 활력을 높인다. 이런 사람이야말로 '아드레날린 업무방식'을 실천하는 능력자다.

아드레날린 스위치를 끄는 7가지 습관

아드레날린 스위치를 끄고 재충전하는 시간을 가져야 한다. 그래야 부교감신경이 우위로 전환되어 깊은 잠을 잘 수 있다. 그러려면 잠들기 2~3시간 전이 중요한데, 다음과 같은 점을 주의하기 바란다.

1 흥분되는 오락은 적당히 아드레날린이 분비되면 스릴이나 흥분으로 심장이 두근거린다. 때문에 게임할 때 또는 액션영화나 호러영화를 볼 때 아드레날린이 나올 것이다. 노래방에서 목청껏 소리 지르는 것 역시 '샤우팅' 효과와 같아서 아드레날린이 분비된다. 나는 영화를 무척 좋아하고 게임과 노래방도 좋아한다. 이런 것들은 나를 흥분시킨다. 하지만 심야, 특히 자기 전에 즐기기에는 적절하지 않다고 생각한다.

2 목욕이나 샤워는 40도를 넘지 않는 물에서 일을 마치고 집에 돌아와 욕조에 몸을 담그거나 샤워를 하며 휴식을 취하는 사람이 많다. 이때 물온도에 따라 교감신경이 자극받기도 하고 부교감신경이 자극받기도 한다. 대체로 40도가 넘는 뜨거운 물에 들어가면 교감신경이 우위에 서고, 40도 미만인 미지근한 물에 들어가면 부교감신경이 우위에 선다. 뜨거운 목욕을 좋아하는 사람은 늦어

도 잠자리에 들기 2시간 전에 목욕을 마치자. 한편 미지근한 물에서 느긋하게 하루의 피로를 풀면 아드레날린 스위치가 꺼진다. 미지근한 물에서 반신욕을 하면 부교감신경이 활동하기 때문이다.

3 잠자기 전에 격렬한 운동을 하지 않는다. 귓갓길에 피트니스클럽에 들러 상쾌하게 땀을 흘리는 사람도 있다. 이것은 운동부족을 해소하는 데는 효과적인 생활습관이지만, 밤 10시 이후나 그보다 늦은 시간에 격렬한 운동을 하고 곧바로 잠자리에 드는 것은 교감신경 스위치를 켜둔 상태로 잠자는 것이다. 그러니 심한 운동, 즉 웨이트트레이닝이나 유산소운동은 잠자기 2시간 전에 마치자. 잠자기 전에는 스트레칭이나 요가처럼 움직임이 적고 가벼운 운동이 적합하다. 그래야 근육이 이완되고 부교감신경이 기능해 잠을 푹 잘 수 있다. 천천히 심호흡을 하거나, 복식호흡을 하는 것도 좋다.

4 밤늦게까지 야근하지 않는다. 야근을 마치고 마지막 지하철을 타고 귀가하면 씻고 자는 것밖에 할 수 없다. 이것은 잠자기 2~3시간 전까지 일을 했다는 말이고, 잠들기 직전까지 교감신경이 우위에 있는 상태라는 뜻이다. 그런 상태에서는 집에 돌아오자마자

이불 속에 들어간들 곧바로 부교감신경이 켜지지 않는다. 긴장상태에서 침대에 누우면 잠을 자도 피로가 충분히 풀리지 않는다. 즉 늦은 시간까지 야근을 하는 사람은 피로가 계속 쌓여간다.

5 한가한 시간을 갖는다. 아무것도 하지 않고 멍하니 있거나 빈둥거려야 한다. 얼핏 시간을 낭비하는 것처럼 보이지만 '아무것도 하지 않는 시간'은 아드레날린을 잠재우는 데 아주 중요하다. 이렇게 아무것도 하지 않는 시간에 좋아하는 음악을 듣거나 아로마 향을 음미하면 긴장을 완화하는 데 효과적이다. 집에 돌아와 '푹 쉬어야지.' 하며 습관적으로 TV를 켜는 사람이 많다. 이것은 정말 좋지 않은 습관이다. TV는 신경을 흥분시키기 때문이다.

인간이 처리하는 정보 중 90%는 시각을 통해 들어온다. 이 시각정보를 처리하기 위해 뇌는 상당한 에너지를 소모한다. 낮 동안 방대한 시각정보를 처리하느라 지친 뇌를, 집에 돌아와서까지 TV에 노출시켜 더욱 피곤하게 만들지 말자. TV를 켜지 않은 채로 조용하고 한가한 시간을 갖자. 심리적 이완과 함께 부교감신경이 우위인 상태로 전환되어 깊이 잘 수 있다.

6 가족이나 친구와 함께 시간을 보낸다. 일을 마치고 친구와 식사를 하는 것은 여가시간을 보내는 아주 좋은 방법이다. 인간은 인간을

만나야 치유된다. 마음을 털어놓을 수 있는 친구와 친밀한 시간을 보내자. 풍요로운 인간관계가 우리를 흥분과 긴장에서 해방시켜준다. 이때 중요한 것은 역시 누구와 만나느냐다. 술집에 가면 종종 직장인 서너 명이 상사나 회사 뒷담화를 하는 모습을 볼 수 있는데 이것은 긴장을 완화하는 데 전혀 도움이 되지 않는다. 스트레스를 풀고 있다고 생각하겠지만 그들의 머릿속은 일 생각으로 꽉 차 있기 때문이다. 일 스위치가 켜진 상태이므로 여전히 긴장상태다.

분노는 아드레날린과 밀접하게 이어진 감정이다. 분노에 차서 누군가를 험담하는 것은 아드레날린이 마구 나오도록 하는 행위다. 물론 살다 보면 가끔은 뒤에서 남의 험담을 할 수도 있지만, 매일 그렇게 하면 아드레날린이 계속 나오는 상태가 되어 험담 자체가 스트레스의 원인이 된다. 일과 직접적으로 상관이 없는 사람과 만나 일과 상관없는 대화를 즐기자. 이런 사람과 만나는 것은 아드레날린 스위치를 끄고 상처받은 마음을 치유하는 좋은 방법이다.

7 적극적으로 휴식한다. 대부분의 직장인은 일을 열심히 해야 한다고 생각한다. 즉 의식적으로 일 생각을 한다. 반면 '휴식'에 대해서는 별 생각이 없다. 휴일을 의식하지 않는 생활을 계속하다 보

면 결과적으로 몸이 망가지거나 우울증에 걸린다. 일본인의 자살률이 선진국 중 최고인 것도 휴식보다 일을 중시하는 가치관 때문이다. 건강이 있어야 일도 있는데, 왜 휴식의 중요성을 모를까? 일을 더 열심히 하기 위해서라도 의식적으로 아드레날린을 잠재우고 적극적으로 휴식을 취해야 한다.

긴장과 불안은
통제할 수 있다

가슴이 두근거리면 '성공할 징조'

중요한 회의나 프레젠테이션를 앞두면 아무리 마음을 다잡아도 긴장하게 마련이다. 긴장하면 심장이 뛰기 시작하는데, 이 두근거림이 힘겨운 사람도 있을 것이다. '아드레날린이 너무 많이 나온다.'고 생각할 수도 있다.

그러나 너무 걱정하지 않아도 된다. 긴장과 함께 가슴이 두근거리는 것은 여러분이 100% 이상의 실력을 발휘해 '성공'할 징조이기 때문이다. 이런 증상은 긴장이라는 정신적 자극에 의해 '카테콜아민'이라는 물질이 분비되기 때문이다. 카테콜아민은 심장이 약한 환자, 또는 심폐정지 상태인 환자를 소생시킬 때 투

여하는 약으로도 쓰이는, 심장을 움직이게 하는 물질이다. 아드
레날린도 카테콜아민의 일종이므로 아드레날린이 분비되면 당
연히 심장이 빨리 뛰는 것이다.

중요한 회의를 앞두고 긴장되면 아드레날린과 노르아드레
날린이 분비된다. 그 결과 집중력과 근력이 향상되어 몸과 마음
이 전투태세로 변한다. 심장이 빨리 뛰는 것은 긴장했다는 증거
라기보다는 '뇌와 몸이 최고의 성과를 발휘할 수 있는 상태'라고
이해해야 한다. 그러니 중요한 회의 전에 가슴이 두근거린다면
'평소보다 훨씬 잘할 징조다!'라고, 위기에 처했을 때 가슴이 두
근거린다면 '위기를 극복할 징조다!'라고 긍정적으로 해석하자.
'가슴이 두근거리는 것은 성공한다는 증거', 이 말을 주문처럼 마
음속으로 중얼거리기 바란다. 뇌 내 물질의 작용원리를 알고 있
다면 두근거림이나 긴장도 두려울 것이 없다.

하지만 심장이 너무 심하게 뛰면 그것도 문제다. 지나친 흥
분으로 머리가 멍해지는 경우도 있기 때문이다. 이럴 때는 심호
흡으로 아드레날린을 조절할 수 있다.

"긴장했을 때는 심호흡을 해봐." 평소에 이런 말을 자주 들어
보았을 것이다. 그냥 하는 말이나 일종의 미신 같은 것이 아니다.
실제로 의학적으로 근거가 있는 '올바른 긴장 완화법'이다. 심장
이 빨리 뛰고 극도로 긴장한 상태라면 심호흡을 하자. 구체적인

심호흡 방법, 아드레날린을 억제하는 데 효과적인 심호흡 방법을 소개하겠다.

① 먼저 등을 쭉 펴고 바른 자세로 선다.
② 배꼽 아래 15cm 정도에 힘을 모으고 엉덩이 괄약근을 조인다.
③ 호흡은 코로 들이마시고 코로 내쉰다.
④ 5초간 크게 숨을 들이마시고, 그대로 잠깐 멈추었다가 7초 동안 깊이 숨을 내쉰다.

이것은 쓰쿠바대학의 소야 히데아키 교수가 고안한 심호흡 방법인데, 실제로 이 호흡법을 몇 번 반복하면 마음이 차분해진다.

만원 지하철은 스트레스의 온상

홋카이도 삿포로가 고향인 나는 2007년부터 도쿄에 살고 있는데, 출퇴근 러시아워는 지금도 적응이 안 된다. 직업상 가장 붐비는 시간대에는 별로 이용하지 않지만, 매일 만원 지하철을 타고 출퇴근하는 사람은 상당한 스트레스를 받을 것이라 생각한다. 이러한 만원 지하철 안에서는 '가방이 걸리적거린다.', '발을 밟았다.', '부딪쳤다.'라며 다투는 사람들이 종종 보인다. 사실 나도 만원 지하철을 탔을 때 별것 아닌 일로 버럭 화를 냈던 경험이 있다. 누구나 만원 지하철에 타면 일단 짜증이 나고 사소한 일에도 화가 나는 것 같다.

한 연구에 따르면, 전쟁을 앞둔 전투기 조종사와 기동대 대원, 지하철을 타고 출퇴근하는 사람의 심박수와 혈압을 측정하여 비교했더니 지하철로 통근하는 사람의 수치가 가장 높았다고 한다. 데이터만 보면 만원 지하철에서 흔들리는 몸을 가누며 통근하는 사람이 전투기 조종사나 기동대 대원보다 더 극심한 스트레스를 받고 있다는 말이다. 이처럼 만원 지하철의 스트레스는 상상을 초월할 만큼 크다.

스웨덴에서도 비슷한 연구를 했다. 이 연구에 따르면 종착역에 가까운 역에서 혼잡한 차량에 탄 승객은, 시발역에서 차량이 아직 혼잡하지 않은 때부터 타고 있던 승객보다 많은 양의 아드레날린이 소변에서 검출되었다고 한다. 쥐를 대상으로 한 또 다른 연구도 있다. 좁은 우리에 여러 마리의 쥐를 과밀상태로 키웠더니, 아드레날린의 혈중 농도가 비정상적으로 높아지면서 서로 물어뜯는 공격적인 행동이 늘어났다고 한다. 그보다 더 밀집된 상태를 만들어보니 쥐들은 서로 잡아먹거나 수컷끼리 교미하는 등의 이상행태를 보였다. 이런 연구결과를 봐도 만원 지하철에서 쉽게 화가 나는 심리적 변화가 아드레날린과 연관되어 있음을 알 수 있다.

스트레스에 의한 아드레날린 분비는 육체에도 영향을 미친다. 최근 '토종닭' 붐이 일어나 많은 술집에서도 토종닭 요리가 메뉴에 올랐다. 비좁은 닭장에서 자란 영계와 방목해서 키운 토종닭이 있다면, 당연히 토종닭이 더 맛있다.

밀집 환경에서 사육된 돼지, 소, 닭은 혈중 아드레날린과 코르티솔 수치가 무척 높다는 연구 데이터가 있다. 좁은 닭장에 갇혀 거의 운동을 할 수 없는 상태로 사육되는 것은 엄청난 스트레스를 수반하므로 스트레스 호르몬인 아드레날린과 코르티솔이 현저히 높아지는 것이다. 코르티솔은 면역억제작용을 하기 때문에 코르티솔이 높은 상태가 계속되면 감염증을 비롯해 다양한 병에 쉽게 걸린다. 그러므로 사료에 항생물질이나 각종 기능성 식품을 섞어서 사육하지 않으면 곧 병에 걸린다.

항생물질이 들어간 사료를 먹고 자란 건강하지 않은 가축의 고기가 맛있을까? 활발하게 움직여 스트레스가 적은 가축의 고기가 더 맛있을까? 답은 뻔하다. '밀집 환경+운동부족=건강 적신호'라는 도식이 성립하는 것이다. 많은 직장인들이 매일 만원 지하철에 시달리며 직장과 집을 왕복하고 별다른 운동도 하지 않는, 그야말로 '닭장에서 키워진 영계'와 같은 생활을 하고 있다. 30분만 일찍 집을 나서도 지하철 안이 좀 한가하지 않을까? 조금이라도 밀집 스트레스를 회피할 수 있는 방법을 생각해보자.

단것을 먹으면 왜 두뇌회전이 빨라질까?

만화 《데스노트》는 일본에서 3,000만 부나 팔린 베스트셀러다. 만화영화로도 만들어졌고 영화화되기도 했다. 이 《데스노트》에는 연쇄살인범인 '키라'를 쫓는 천재적인 전뇌탐정 'L'이 등장한다. 그런데 L은 좀 독특한 버릇이 있다. 틈만 나면 과자나 케이크 등을 먹고, 커피에도 설탕을 듬뿍 넣어 먹는 엄청난 단맛 애호가다. 만화책을 봤을 때부터 신경이 쓰였던 L의 기행은 영화 '데스노트 – L:새로운 시작'에서 그 이유가 나온다.

"당분은 뇌에 중요한 영양분이야."

뇌는 포도당(글루코스)을 거의 유일한 영양원으로 삼는다. 단백질이나 지방 등의 영양소를 직접 에너지원으로 사용하지 못한다. 그래서 저혈당 상태가 되면 뇌는 기능이 떨어지며 초조해진다. 뇌의 퍼포먼스를 높게 유지하려면 포도당을 보급해야 한다. 그래서 L의 '단맛 애호'라는 설정이 만들어진 것이다.

배고플 때 느끼는 짜증은 아드레날린과도 깊은 관련이 있다. 공복상태가 계속되면 혈당치가 내려가고 뇌의 기능이 떨어질 위험성이 생긴다. 그래서 우리의 몸은 혈당치를 올릴 호르몬이 분비되어 극단적 저혈당 상태를 막게끔 되어 있다.

혈당치를 올리는 호르몬은 글루카곤과 아드레날린, 당질코르티코이드, 성장호르몬이다. 저혈당 상태가 되면 글루카곤부터 차례대로 호르몬들이 분비된다. 즉 공복으로 저혈당이 지속되면 혈당을 올리기 위해 아드레날린이 분비된다는 말이다. 이 경우 아드레날린이 분비된 목적은 혈당상승이다. 그런데 투쟁 호르몬이기도 한 아드레날린은 초조함을 유발하고 쉽게 화를 내게 하는 부작용이 있다.

흥분했을 때나 긴장했을 때, 또는 몸을 움직이고 있는 상태에서는 아드레날린이 주는 초조함이 별로 강하게 나타나지 않는다. 하지만 평상시나 공복상태일 때 아드레날린이 분비되면 뇌만 불필요하게 흥분시키기 때문에 훨씬 더 초조해진다.

저녁 무렵에 시작한 회의가 길어져 늦은 밤까지 계속되는 경우가 있다. 그런 회의일수록 논쟁만 하고 합의점을 찾지 못한다. 좋은 아이디어 역시 나올 수가 없다. 아드레날린의 작용원리를 생각해봐도 그렇다. 식사를 거르고 공복상태에서 회의를 하면 생산성이 낮고 시간만 길어질 뿐이다. 밤늦게까지 회의를 해야 한다면 혈당이 떨어져 아드레날린이 분비되는 것을 피할 수 있도록 요기를 하고 나서 하는 편이 현명하다.

내 친구 T는 미팅하기 전에 꼭 회의실에 초콜릿이나 과자 등을 준비해둔다. 무척 센스 있는 배려. 단것은 저혈당을 막고 회의의 질을 높이기 때문이다. 또 저녁을 거른 채 야근을 하고 나서 집에 와 늦은 시간에 밥을 먹는 것도 바람직하지 않다. 공복인 채로 야근을 하면 저혈당으로 뇌의 활동성이 낮아지고 아드레날린으로 초조함이 높아지는 더블펀치를 맞아 업무능률이 현저히 떨어질 가능성이 있고, 자칫 야근이 더욱 길어질 수도 있다.

끄고 켜는 법을 알아두어야 하는 아드레날린

☐ 승부물질인 아드레날린은 흥분, 분노와 함께 분비된다.

☐ 아드레날린은 신체 기능을 순간적으로 증진시킨다.

☐ 배에 힘을 주고 소리를 크게 지르면 아드레날린이 나온다.

☐ 궁지에 몰려도 포기하지 마라. 승부물질 아드레날린이 당신을 도와줄 것이다.

☐ 심장이 두근거리는 것은 성공할 것이라는 증거다.

☐ 과도한 흥분이나 긴장은 심호흡을 하면 진정된다.

☐ 만원 지하철은 아드레날린을 분비해 상당한 스트레스를 유발한다.

☐ 낮에는 열심히 일하고 밤에는 푹 쉬어 아드레날린 스위치를 꺼 두자.

☐ 아드레날린 스위치를 끄는 7가지 습관

1. 사람을 흥분시키는 오락은 적당히 한다.

2. 목욕이나 샤워는 40도 이하의 물로 한다

3. 잠들기 전에 격렬한 운동을 하지 않는다.

4. 늦은 시간까지 야근을 하지 않는다.

5. 느긋하게 시간을 보낸다.

6. 가족이나 친구와 함께 시간을 보낸다.

7. 적극적으로 휴식한다.

스트레스 줄이는
치유물질

세로토닌

Chapter **4**

일찍 일어나는 자가
더 많은 세로토닌을

'아침 골든타임'이 업무효율을 3배 끌어올린다

일찍 일어나면 일이 잘된다는데 정말일까? 오전 중에 어떤 일을 얼마나 하느냐에 따라 하루가 확 달라진다는데 이것도 정말 그럴까? 둘 다 의학적으로 맞는 말이다. 기상 후 2~3시간을 '뇌의 골든타임'이라고 부르는데, 뇌가 가장 활발하게 움직이는 시간대이기 때문이다. 그 시간대에 무엇을 하느냐로 하루 동안 할 수 있는 업무의 양과 질이 결정된다.

나는 골든타임에 원고를 집필한다. 저녁이나 밤에 원고를 쓰려고 했던 적도 있지만 정작 책상 앞에 앉으면 전혀 진도가 나가지 않았다. 그러나 뇌의 골든타임에는 원고지 10~20매를 그리

어렵지 않게 쓸 수 있다. 원고의 분양만 채우는 것이 아니라 내용과 문장의 질도 높아진다. 내 주관적인 느낌이긴 하지만, 뇌의 골든타임을 활용하는 경우와 그렇지 않은 경우를 비교하면 일의 효율이 3배 정도 차이가 난다.

그러나 안타깝게도 상당수의 사람들이 뇌가 가장 활발해지는 시간, 생산성이 가장 높은 이 시간을 '통근'에 할애하고 있다. 보통 직장인들은 아침 7시에 일어나 출근준비를 하고 8시에 집을 나서서 9시쯤 회사에 도착한다. 만원 지하철에 시달리느라 회사에 도착하면 이미 파김치 상태다. 이러면 기상 후 황금 같은 2시간을 그냥 날려버리는 셈이다.

평범한 직장인이 뇌의 골든타임을 효과적으로 활용하고 싶다면 어떻게 해야 할까? 지금보다 2시간은 일찍 일어나야 한다. 출근 전에 자기만의 시간을 확보하고 그 시간에 책을 읽거나 공부를 하거나 글을 쓰거나 서류를 정리하는 것이다. 그러면 믿을 수 없을 정도로 일이 잘 돌아갈 것이다. 그 집중력의 페이스가 떨어졌을 무렵에 통근 지하철을 타면 된다. 이 아침 2시간 동안은 보통 휴대전화도 울리지 않고 바깥도 조용하다. 잡념 없이 집중하기 좋은 환경이다.

나는 20~30년 전만 해도 '초超'가 붙을 정도로 상습적인 지각생이었다. 중고등학교 시절에도 아슬아슬한 시간까지 잠을 잤다. 하루가 멀다 하고 수업시작을 알리는 벨소리를 들으며 전속력으로 교실로 뛰어 들어가기 일쑤였다. 당연히 아침밥은 건너뛰었고, 오전에는 머리가 멍해서 수업에 집중하지 못했다. 집중은커녕 꾸벅꾸벅 조는 날도 많았다.

그러다 의사로서 사회생활을 하게 되어서야 '이러면 안 되겠다.'는 생각이 들어 수면과 오전시간을 활용하는 방법에 대해 전문적으로 공부했다. 그렇게 과학적으로 '아침 일찍 일어나는 방법'을 실천해 늦잠 자는 습관을 고쳤고, 오전에 뇌를 최대한 효율적으로 활용하게 되었다.

늦잠을 자는 사람은 어쩌다가 한 번 늦잠을 자는 것이 아니다. 그런 생활습관을 갖고 있어서 필연적으로 아침에 일어나지 못하는 것이다. 자연스럽고 건강한 생활습관을 익히면 늦잠을 극복할 수 있다. 그렇다면 어떻게 해야 할까?

이때 필요한 것이 바로 '세로토닌'이다. 세로토닌이 분비되면 '오늘 하루도 잘해보자!'는 의욕적인 마음이 든다. 몸에 활력이 솟고 기분이 쾌활해진다. 머리가 맑아져서 곧바로 일을 시작할 수 있는 상태가 된다.

세로토닌의 합성과 분비는 해가 뜨면 활발해지고 오후에서 밤이 됨에 따라 점점 줄어든다. 그리고 '논렘수면'(안구가 움직이지 않는 수면상태로 깊은 잠에 빠져 있을 때) 중에는 전혀 분비되지 않는다. 즉 세로토닌은 수면과 각성을 통제하는 뇌 내 물질이다.

성공하고 싶으면 커튼을 열고 자라

내가 늦잠꾸러기였던 시절, 웬일로 번쩍 눈이 떠져 상쾌한 기분으로 일어난 적이 있었다. 그때 나를 깨운 것은 '아침 햇살'이었다. 어쩌다 커튼을 치지 않고 잤는지 창문으로 햇살이 쏟아져 들어온 것이다. 창문으로 들어오는 아침 햇살을 맞으니 실로 기분이 좋았다. 덕분에 평소보다 2시간이나 일찍 자연스럽게 눈이 떠진 것이다. 그 후로 나는 커튼을 열어놓고 잠자리에 들었다. 그러자 거짓말처럼 늦잠 자는 버릇이 없어졌고, 상쾌한 기분으로 눈을 뜨게 되었다.

나는 이 방법을 실천하면서 다른 사람들은 어떻게 하고 있는지가 궁금해졌다. 그리고 이러한 습관을 실천하는 사람이 꽤 많다는 걸 알게 되었다.

커튼을 열고 자면 아침에 쉽게 눈이 떠진다. 쓸모 있는 이 습관은 세로토닌의 작용을 활용한 것이다. 해가 떠서 태양빛의 자극이 망막에서 봉선핵으로 전달되면 세로토닌이 합성되기 시작한다. 그리고 세로토닌에서 발생하는 임펄스(신경 내 정보전달)가

뇌 전체에 퍼져 뇌를 '시원한 각성상태'로 만든다. 지휘자가 지휘봉을 휘두르면 오케스트라 연주가 시작되듯이 빛 자극에 의해 세로토닌이 활성화돼야 뇌 전체가 하루의 활동을 시작할 수 있다. 즉 세로토닌으로 쾌적한 하루가 시작된다는 말이다.

반대로 세로토닌이 부족하면 우울해진다. '아무것도 하고 싶지 않다.', '이불 밖으로 나가고 싶지 않다.', '이대로 계속 자고 싶다.'고 느낀다면 세로토닌 신경이 약해져 있다는 증거다. 그 상태가 장기화되면 세로토닌 분비가 더욱 부족해지고 우울증에 걸릴 위험이 높아진다. 우울증 환자의 공통된 특징이 '아침에 일어나기 힘들다.'는 것인데, 그러면 더더욱 의욕이 나지 않고 기운도 없으며 무기력해진다.

예를 들어 아침 7시로 알람을 맞춰놓았다고 하자. 커튼으로 창을 가리고 자면 당연히 방 안이 어둡다. 그러면 아침 7시에 알람이 울려도 뇌는 잠에서 깨어나지 못한다. 세로토닌이라는 물질은 뇌에게 일어나라는 각성명령을 내린다. 그러나 세로토닌은 아침 해를 받아야, 즉 커튼을 연 순간부터 합성되기 시작한다. 알람이 울려서 눈을 뜬 순간에는 세로토닌이 거의 제로에 가까울 정도로 적다. 알람소리를 듣고 깨어났을 때, 회사에 가기 싫다거나 더 자고 싶다고 생각하는 것은 당연하다. 세로토닌이 거의 없으니 말이다.

그런데 커튼을 열고 자면 아침 6시쯤 되면 밖이 환해지기 시작한다. 그냥 놔둬도 빛이 들어오므로 알람이 울리는 아침 7시에는 이미 세로토닌이 합성되고 있다. 이렇게 세로토닌이 뇌에게 '활동개시!' 명령을 내리므로 상쾌한 기분으로 쉽게 일어날 수 있다. '오늘 하루도 열심히 해야지!'라는 의욕이 생긴다.

세로토닌 활성화 정도를 수면 중에 0, 활발한 낮시간대에 100이라고 본다면, 알람시계로 강제로 기상한 사람은 0인 상태다. 그런데 커튼을 열고 자는 사람은 기상 시에 이미 10 정도는 세로토닌이 분비된 상태다. 0과 10. 이 차이는 적은 듯해도 사실은 아주 크다.

F1 경기를 상상해보자. 출발을 알리는 램프가 점멸하기 전부터 모든 차가 엔진소리를 내고 있다. 출발신호가 '파랑'으로 변하기 무섭게 차들은 일제히 엑셀을 밟으며 단숨에 최고속도를 낸다. 이미 시동을 걸어서 만반의 준비를 해놓았기에 즉시 가속할 수 있는 것이다. 커튼으로 창문을 가려둔 방에서 잠을 자고 알람소리에 눈을 뜨는 것은 출발신호가 파란색으로 바뀌고 나서 시동을 거는 것이나 마찬가지다. 당연히 금방 속도가 나지 않는다. 오히려 엔진이 충분히 가열되어 있지 않은 상태에서 엑셀을 끝까지 밟으면, 과부하가 걸려 엔진이 고장나거나 꺼질 수 있다.

그저 눈을 뜨고 있기만 해도 머리가 맑아지는 이유

커튼을 열고 자면 아침 햇살과 함께 자연스럽게 잠에서 깬다. 점차 알람이 울리기 전에 저절로 눈이 떠질 것이다. 하지만 눈이 떠졌다고 갑자기 자리에서 일어나지는 말자. 나는 눈을 뜨고 나서 5분 정도 그대로 누워 있는다. 세로토닌 활성화를 위해 햇빛을 받기 위해서다. 눈을 뜨고 누워서 '오늘은 무엇을 할까?'를 생각한다. 그리고 오늘이 멋진 하루가 되리라고 상상한다. 그러면 머리가 맑아지면서 '그래! 오늘도 열심히 하자!'라는 의욕이 생기며 상쾌하게 기상할 수 있다. 눈을 뜨고 5분 정도 누워 있는 것, 이것이 핵심이다.

알람이 울려도 한동안 눈을 감고 누워 있는 사람은 많을 것이다. 이런 사람은 '일어날까 말까' 망설이다가 일어나야겠다고 마음먹은 순간 눈을 뜨고 벌떡 일어난다. 벌떡 일어나긴 했지만 직전까지 눈을 감고 있었으니 뇌가 햇빛을 받지 못한 상태다. 봉선핵이 충분히 자극이 받지 못한 셈이다. 이러면 '커튼을 열고 자는' 진정한 효과를 얻지 못한다. 눈을 뜨고 5분 정도 누워 있어야 세로토닌이 생성되기 시작한다.

예전에 내가 발행하는 메일매거진에 이런 이야기를 쓴 적이 있는데 여러 반론과 질문이 돌아왔다. 예를 들면 1층에 여성이 혼자 살고 있다면 커튼을 열고 자는 것은 방범에 문제가 있을 수 있다. 그런 경우에는 아침 해가 약간 들어오는 얇은 커튼을 치자. 조금이라도 빛이 들어오는 상태를 만드는 것이다. 아침에 일어나면 곧바로 커튼을 열고 눈을 뜬 채 5분간 누워 있으면 된다.

커튼으로 창을 가려놓고 형광등을 켜는 사람도 있는데 이것은 별로 권하고 싶지 않다. 세로토닌은 '조도 2,500럭스 이상의 빛'을 '5분 이상 받을 때' 합성되기 시작된다. 2,500럭스는 대체로 아침 무렵의 태양광 조도에 해당한다(대낮 실외의 조도는 1만 럭스 정도이고, 어둑어둑한 저녁 무렵의 조도는 1,000럭스 정도라고 한다). 그런데 집 안의 형광등의 조도는 100~200럭스 정도다. 꽤 밝은 형광등도 500럭스에 불과하다. 형광등이 여러 개 설치되어 눈이 부실 정도인 편의점의 조도도 겨우 800~1,800럭스다. 이처럼 보통 가정용 조명으로 세로토닌 합성이 시작되는 2,500럭스의 밝기를 내기란 상당히 어려운 일이다. 그러므로 태양이라는 자연광, 즉 아침햇살을 받는 것이 중요하다. 커튼을 열면 자연스럽게 그런 상태가 된다.

만약 침실이 서쪽에 있어서 아침 햇살이 거의 들어오지 않거나, 햇빛 자체가 잘 들어오지 않는 집에 사는 경우에는 기상 후에 가볍게 산책을 하자. 5분 이상 태양광을 쬐면 출근할 때에는 뇌가 따뜻하게 데워져 있을 것이다.

세로토닌을 활성화 방법은 딱 3가지

그렇지만 커튼을 열고 자도 일어날 때 머리가 맑지 않은 사람이 있다. 이것은 당연한 일이다. '햇볕 쬐기'는 세로토닌을 합성하기 위한 첫 번째 방법일 뿐이다. 커튼을 열고 잠을 자는 것만으로 세로토닌이 끊임없이 분비되지는 않는다. 눈을 뜨고 난 뒤에 어떤 행동을 하느냐에 따라 세로토닌 분비량은 달라진다.

세로토닌 분비가 활성화되면 의욕이 샘솟고 움직임이 활발해진다. 열심히 일할 수 있는 에너지를 얻는 것이다. 이렇게 엔진이 데워진 상태에서 비로소 뇌의 골든타임이 시작된다. 한편 세로토닌이 극도로 저하한 상태가 우울증이므로 세로토닌을 활성화하는 생활습관을 의식적으로 실천하면 우울증 예방에도 효과가 있다. 세로토닌을 활성화하는 방법에는 3가지가 있다. 첫 번째 방법인 '햇볕 쬐기'는 앞에서 이야기했다.

① 햇볕 쬐기
② 리듬운동
③ 꼭꼭 씹어 먹기

두 번째 방법인 '리듬운동'은 '하나, 둘, 하나, 둘' 하는 소리에 맞춰 하는 리듬감 있는 운동을 말한다. 예를 들면 워킹, 조깅,

계단 오르기, 스쾃, 목 돌리기, 수영, 골프 스윙 연습, 심호흡 등이다. 또 리듬운동이라고 해서 반드시 손발을 움직여야 할 필요는 없다. 리듬을 타고 있다면 낭독이나 독경, 노래방에서 노래를 하는 것으로도 세로토닌이 활성화된다.

특히 추천하고 싶은 것이 아침에 하는 워킹이다. 아침에 일어나면 15~30분 정도 약간 빠른 걸음으로 바깥을 산책하자. 이렇게만 해도 '햇볕 쐬기+리듬운동'이 되니 일석이조다. 또 리듬운동은 최소한 5분 이상 해야 하는데, 그렇다고 너무 길어지면 신경이 피로해져 역효과가 난다고도 한다. 그러니 30분 이상 할 필요는 없다.

세 번째 방법인 '꼭꼭 씹어 먹기'는 밥을 꼭꼭 씹어 먹는 것을 말한다. 씹어 먹기는 턱 근육이 리듬감 있게 수축과 이완을 반복하는 운동이므로 이것도 일종의 리듬운동이라 할 수 있다. 아침밥을 20번 이상 씹어 먹으면 된다. 그런데 이것이 쉬울 것 같지만 의외로 쉽지 않다. 아침밥을 먹지 않는 사람도 많기 때문이다. 아니면, 바빠서 시리얼이나 영양음료를 위에 들이붓고 끝내는 사람도 있다. 그런 식으로는 당연히 꼭꼭 씹어서 먹을 수가 없다.

대개 아침에 잘 일어나지 못하는 사람은 아침밥을 먹을 여유가 없다. 즉 햇볕을 쐬지 않는 데다 꼭꼭 씹어 먹지도 않는다. 그러니 세로토닌을 활성화시키지 못하는 생활습관을 이중으로 갖고 있는 셈이다. 아무리 해도 아침밥을 먹을 수 없는 사람은 껌을 씹는 것도 방법이다. 메이저리그의 야구선수들도 긴장을 풀기 위해 시합 중에 껌을 씹는다. 껌을 씹는 행위는 세로토닌 분비에 효과가 있고, 실제로 세로토닌은 긴장을 낮추고 기분을 좋게 해준다.

세로토닌 생성은 주로 오전 중, 특히 아침에 활발하게 일어난다. 그러므로 여기서 소개한 세로토닌 활성법도 오전 중에, 특히 아침에 해야 한다. 그래야 효과가 극대화된다. 밤에는 이 활성법을 실천해도 별 의미가 없다. 아침에 세로토닌을 활성화하느냐 마냐는 오전업무, 나아가 하루에 할 수 있는 업무에 확연히 영향을 미친다.

업무 스트레스를 치유하는
세로토닌 기분전환법

'바짝 졸아든 상태'에서 벗어나야 한다

세로토닌을 활성화하는 방법부터 살펴봤는데 그렇다면 세로토닌은 어떤 물질일까? 지금까지 이야기한 도파민이나 노르아드레날린 등은 '흥분계 뇌 내 물질'이라고 불린다. 반면 세로토닌은 이것들의 과도한 분비를 억제하여 뇌 내 물질의 균형을 잡는 '조절물질'이다. 세로토닌이 활성화된 상태에서는 마음이 진정되고 '평상심'이 유지된다. 다시 말해 세로토닌은 '치유물질'이다.

세로토닌 신경계는 연수에 위치한 봉선핵에서 대뇌피질, 정동중추라고 할 수 있는 대뇌변연계, 생명유지에 관련된 시상하부, 뇌간, 소뇌, 척수 등 뇌의 대부분의 영역에 투사한다. 세로토닌은 필수 아미노산인 트립토판에서 생성된다. 해가 떠 있을 때, 특히 오전 중에 활발하게 생성된다. 반대로 수면 중(특히 깊이 잠들어 있는 논렘수면)에는 거의 분비되지 않는다.

세로토닌이 활동을 개시하면 세로토닌 신경에서 임펄스가 발생하여 '시원한 각성상태'를 유지한다. 아침에 상쾌한 기분으로 눈을 뜨는 것도, 평온한 시간을 보낼 수 있는 것도, 세로토닌 덕분이다. 행복이라고 하면 도파민을 연상하기 쉬운데 도파민의 행복감이 "해냈다!"라는 성취감 같은 강렬한 감정인데 비해 세로토닌의 행복감은 '평온함', '느긋함' 같은 감정을 기반으로 한 온화한 감정이다. 행복하다고 느끼며 편안해지려면 반드시 세로토닌이 제대로 기능해야 한다.

세로토닌을 일에 적용하기에 가장 좋은 것이 '기분전환'이다. 세로토닌이 저하되면 초조하거나 짜증이 나고 왠지 모르게 안절부절못하며 자꾸만 불안해진다. 장시간 책상에 앉아 있으면 일의 능률이 떨어지며 짜증이 나기 시작한다. 이른바 '바짝 졸아든 상태'가 되는 것이다. 이런 상태에서는 세로토닌이 부족할 가능성이 높다.

반대로 세로토닌이 활성화된 상태는 마음이 안정된 상태를 말한다. '바짝 졸아든 상태'에서 벗어나 세로토닌이 활성화되면,

세로토닌의 주요 기능

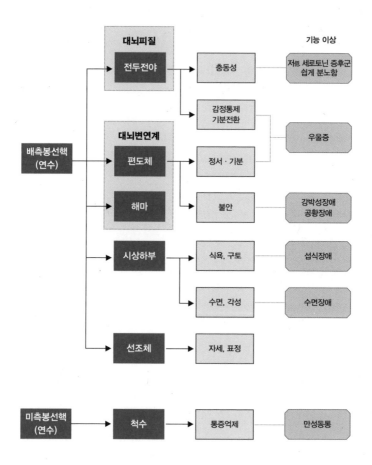

기능 이상

- 대뇌피질
  - 전두전야 → 충동성 ⋯⋯ 저低 세로토닌 증후군 쉽게 분노함
- 배측봉선핵 (연수)
  - 감정통제 기분전환 ⋯⋯ 우울증
- 대뇌변연계
  - 편도체 → 정서·기분
  - 해마 → 불안 ⋯⋯ 강박성장애 공황장애
- 시상하부 → 식욕, 구토 ⋯⋯ 섭식장애
  - 수면, 각성 ⋯⋯ 수면장애
- 선조체 → 자세, 표정
- 미측봉선핵 (연수) → 척수 → 통증억제 ⋯⋯ 만성동통

※ 알기 쉽게 설명하기 위해 실제 신경계와 뇌기능을 단순화했다.

그 뒤의 업무능률을 크게 높아진다. 이것이 '세로토닌 기분전환 업무방식'이다. 마음이나 기분전환에는 '전두전야'라는 부분이 관여한다. 그리고 그것을 원활하게 작동시키는 것이 세로토닌이다. 이제부터 소개하는 것은 내가 실제로 하고 있는 것으로 기분전환에 효과가 아주 좋은 방법들이다.

1. 점심외식으로 오후의 세로토닌을 충전한다

오전에는 골든타임을 활용해 집중적으로 일한다. 그러다가 점심시간이 다가오면 배도 고프고 슬슬 일의 능률도 떨어진다. 그럴 때는 점심을 먹으러 밖으로 나간다. 나는 오전시간에 대체로 집필을 하기 때문에 점심을 집에서 먹을 수도 있지만 일부러 밖으로 나간다. '점심외식'으로 오후의 세로토닌이 완전히 충전되기 때문이다.

점심을 먹는 식당은 5분 이상 걸어야 하는 곳이 좋다. 태양광을 받으며 5분 이상 걸어가면 세로토닌이 활성화된다. 그리고 꼭꼭 씹어서 점심을 먹으면 '천천히 씹어 먹기'를 통한 활성화 효과도 나타난다. 즉 '점심외식'을 통해 '햇볕 쬐기'와 '리듬운동', '천천히 씹어 먹기'라는 3가지 세로토닌 활성화 방법을 전부 실행할 수 있다. 실제로 점심외식으로 기분전환 효과를 강하게 얻을 수 있으며 1시간도 안 되어 놀라운 아이디어가 떠오를 수도 있다. 나는 식사 중에 갑자기 떠오르는 영감을 메모하기 위해 펜과 노트를 꼭 들고 간다.

가게에 들어가 주문을 하고 나서 음식이 나오기까지 5분 정도 자투리 시간도 중요하다. 이때 노트에 오전에 한 일의 문제점이나 수정할 사항을 적어본다. 그리고 오후에 할 일To Do List을 쓴다. 일하던 책상에서 멀어짐으로써 오히려 일을 폭넓은 관점에서 바라볼 수 있다. 이렇게 밖에서 점심을 먹고 돌아오면 세로토닌도 충전되고, 일을 객관적으로 검토했기 때문에 올바른 방향으로 궤도를 수정한 상태에서 오후업무를 시작할 수 있다.

2. 걸으며 생각한다

내일까지 기획서를 완성해야 한다. 내일까지 회의에서 발표할 아이디어를 내야 한다. 당장 내일까지 해야 해서 초조한데, 좋은 생각이 전혀 떠오르지 않아 답답하기만 하다. 그럴 때 나는 '산책'을 한다. '시간도 없는데 산책은 무슨 산책?' 하고 생각할 수도 있지만 시간이 없기 때문에 더더욱 산책을 해야 한다. 그 이유는 바로 세로토닌을 활성화하여 기분전환을 하기 위해서다.

몇 시간씩 책상 앞에 있어도 아이디어가 전혀 나오지 않았는데, 걸으며 생각했더니 괜찮은 아이디어가 나온 경험이 있을 것이다. 뇌가 '긴장상태'에서 '이완상태'로 변화하기 때문에 가능한 일이다. 그러니 긴장상태에 있을 때는 자리에서 일어나 산책을 하여 세로토닌의 힘을 빌리자. 이렇게 의식적으로 긴장을 이완시키면 꽉 막힌 상황에서 빠져나와 기발한 아이디어를 얻을 수 있을 것이다. 영감을 얻는 테크닉에 대해서는 6장에서 좀 더 자세히 설명하겠다.

3. 심호흡한다

아무리 산책이 기분전환에 효과적이라 해도 평범한 직장인에게는 좀 어려운 일일 수 있다. 업무시간 중에는 상사 눈치도 보이고 하니 말이다. 좀 더 쉽게 실천할 수 있는 기분전환법은 없을까? 그런 사람에게 '심호흡'을 권한다.

심호흡은 시간과 장소를 가리지 않고 할 수 있다. 심호흡은 세로토닌을 활성화하고 뇌에 충분한 산소를 공급해준다. '심호흡을 하면 마음이 진정된다.'는 자기암시 효과도 얻을 수 있다. 심호흡은 다양한 경우에 활용할 수 있다. 예를 들어 많은 사람들 앞에서 이야기해야 할 때는 일단 심호흡을 하자. 아침에 일어나 기분이 가라앉아 있고 일하러 가기 싫을 때도 심호흡을 하면 기분이 변할 수 있다. 세로토닌을 활성화시켜주는 심호흡법으로 아리타 히데호 교수의 '복근호흡법'을 소개하겠다.

① 먼저 아랫배에 손을 올린다.
② 아랫배에 의식을 집중한다.
③ 숨을 후, 후, 후 하고 짧게 끊어 내뱉는다. 입이나 코 중 어느 쪽이나 괜찮다.
④ 마지막으로 아랫배에 힘을 풀고 코로 편하게 숨을 깊이 들이마신다.

이것을 리듬감 있게 반복한다. 서서 할 때는 다리를 약간 벌리고 몸의 중심선을 똑바로 한다. 앉아서 할 때는 의자에 등을 대고 앉는다. 누워서 해도 된다. 세로토닌 활성화 기준에서 보면 5분간 하는 것이 가장 좋다. 하지만 심호흡을 5분 동안 하는 것은 생각보다 힘들다. 내 경험으로는 1~2분만 해도 충분히 기분전환 효과를 느낄 수 있었다. 그러니 짧은 시간만이라도 시도해보자. 심호흡은 기분전환, 긴장완화, 상쾌한 기상 등에 즉각적인 효과를 나타낸다.

4. 낭독한다

낭독은 뇌를 활성화한다. 소리 내어 책이나 글자를 읽기만 해도 뇌가 활성화된다. 또 낭독은 전두전야의 혈류를 늘려 치매 예방에도 효과적이라는 연구결과도 있다. 세로토닌을 활성화하는 데도 효과적이다. '아야어여오요우유' 등 아무 뜻 없는 글자들을 반복적으로 소리 내어 읽기만 해도 세로토닌이 활성화된다. 심호흡과 마찬가지로 내쉬는 숨에 주의하며 리듬감 있게 발성하자. 발성으로 세로토닌을 활성화하는 경우에는 '단순하고 의미 없는 말'이 더 효과적이다. 의미가 있는 말은 그 의미를 생각하느라 리듬감 있게 말하지 못할 수 있기 때문이다. 경전을 읽는 것은 세로토닌을 활성화에 아주 효과적이다.

나도 글을 쓰다 보면 쓸 말이 생각이 나지 않아 막힐 때가 있다. 그럴 때는 일단 쓰던 곳까지 문장을 소리 내어 읽어본다. 복근을 의식하며 평소보다 큰 소리로 읽는다. 눈과 손가락만 사용하는 '쓰기'라는 작업에서 온몸을 사용해 소리를 내는 '읽기'라는 작업으로 전환된다. 이것은 전신을 이용한 가벼운 운동인 셈이어서 기분전환이 된다. 이것이 바로 내가 하는 '낭독 기분전환법'이다.

또 소리 내어 글을 읽으면 내가 쓴 글이지만 남이 쓴 글처럼 들린다. 객관적으로 판단할 수도 있다는 말이다. '아무리 봐도 이

표현은 이상하네.' 하는 부분을 쉽게 찾아낼 수 있다. 원고를 낭독하는 것은 뇌를 자극하고 기분전환을 하며 집필의욕을 솟구치게 하는 훌륭한 방법이다.

직장인의 경우, 자기 자리에서 소리 내어 읽으면 옆 사람에게 폐가 될 테니 빈 회의실에서 원고나 서류를 낭독해보면 어떨까? 그것도 눈치가 보인다면 동료에게 "지금부터 원고를 읽을 건데 좀 들어줄래?" 하고 부탁해 '청자'를 앞에 두고 낭독하자.

5. 간단한 운동을 한다

산책도 어렵고 낭독도 어렵다면 어떻게 할까? 책상 앞에 앉은 채로 기분전환할 수 있는 방법으로 '목 돌리기 운동'을 추천한다. 보통 사람의 머리는 5~6kg이나 되는데, 이 무거운 머리를 받치기 위해 목에는 많은 근육이 있다. 목을 돌리면 많은 양의 전기 신호가 뇌에 전달되어 '리듬운동' 효과처럼 세로토닌을 활성화시킬 수 있다. 마음속으로 '하나, 둘, 하나, 둘.' 하고 구령을 붙이며 리드미컬 하게 목을 돌려보자.

하나 더, 직장에서 쉽게 할 수 있는 리듬운동으로 '계단 오르기'도 있다. 평소에 엘리베이터를 이용하던 곳을 1~2층도 괜찮으니 계단을 이용해 올라가보자. 숨을 멈추고 전속력으로 한 번에 뛰어올라가는 것이 아니라 일정한 속도로 '하나, 둘, 하나, 둘' 하는 리듬에 맞춰서 올라가면 된다.

6. 여러 가지 기분전환 방법을 조합한다

리듬운동을 5분 이상 하면 세로토닌이 활성화한다. 그러나 5분간 심호흡만 하거나 목 돌리기만 하는 것은 꽤 힘든 일이다. 그러므로 여러 가지 리듬운동을 조합해보자. 목 돌리기 운동을 한 다음 심호흡을 하고 마지막으로 다시 목 돌리기 운동을 하는 식이다. 이렇게 하면 더욱 효과적으로 세로토닌을 활성화시킬 수 있다.

7. 일상생활에서도 세로토닌 활성화를 염두에 둔다

지금까지 소개한 '기분전환법'은 한 번만 해도 어느 정도 효과가 있지만 자주 할수록 그 효과가 커진다. 요컨대 세로토닌을 활성화하는 생활습관을 매일 계속하는 것이다. 내 경우 점심외식은 거의 매일, 수년째 계속하고 있다. 편의점이나 슈퍼마켓에 가서 도시락을 사오는 날도 있지만, 점심시간대에 15분 이상 걷는 것은 거의 매일 하고 있다. 단순히 일회성 세로토닌 활성화가 아니라 그것을 생활습관으로 만들면 세로토닌 신경이 강화된다.
다시 말해 '세로토닌이 더 잘 분비되는 상태'가 된다. 세로토닌이
잘 분비되면 도파민과 노르아드레날린도 균형 있게 분비되므로
'마음이 안정된 상태'에서 열심히 일할 수 있다.

세로토닌 강화로
공감력을 키우는 법

눈물이 나면 무조건 펑펑 울어라

햇볕 쬐기, 리듬운동, 천천히 씹어 먹기 등 세로토닌 활성화하는 방법은 이제 충분히 이해했으리라 생각한다. 이제부터는 세로토닌 신경을 강화하는 방법을 살펴보자. 그것은 바로 '영화를 보고 감동의 눈물을 흘리는 것'이다. 의외라고 생각하는 사람도 많겠지만 '공감'과 세로토닌은 무척 중요한 관계다.

그리스 철학자 아리스토텔레스는 저서 《시학》에서 비극을 감상하면 '마음속에 쌓여 있는 앙금 같은 감정에서 해방되어 마음이 정화되는 효과가 있다.'고 했다. 그리고 그것을 '카타르시스'라고 불렀다. 비극을 보고 감동의 눈물을 흘리면 무척 상쾌한 기분이 든다. 영화나 드라마를 보다 경험해본 적이 있을 것이다. 도호대학교 아리타 히데호 교수는 감동적인 영화를 보며 눈물을 흘릴 때 전두전야의 혈류가 증가하며 세로토닌 신경이 활성화된 다는 것을 밝혔다. 울기 직전의 '교감신경 우위'인 상태에서 눈물을 흘리면 '부교감신경 우위'인 상태로 전환된다. 즉 신경적 이완과 위안을 동시에 얻을 수 있다.

아리타 교수는 전두전야를 중심으로 세로토닌과 깊은 연관이 있어 '공감'을 낳는 역할을 하는 뇌를 '공감뇌'라고 부른다. 이 공감뇌를 단련시키면 세로토닌 신경도 단련된다. 그 결과 주변 사람들의 기분을 쉽게 알아차려서 원활하게 소통할 수 있고, 그러면서 진정한 '치유'가 이루어진다.

'공감력'을 키우는 방법이 있다. 뮤지컬, 연극, TV 프로그램, 애니메이션, 소설 등을 보면서 그 2시간 남짓 동안 등장인물의 심리를 꼼꼼히 적어보는 것이다. 나는 특히 '영화'를 추천한다. 영화는 감정이입하기가 쉽고 감동하기 좋아서 공감력을 훈련하기 좋다. 사실 나는 1년에 100편 이상 영화를 보는 영화팬이자 회원수 4만 명의 메일매거진 〈영화의 정신의학〉에서 영화비평을 발표하는 영화평론가이기도 하다. 영화를 비평하면서 나는 영화가 공감력을 키우는 최적의 도구이며, 마음을 치유하는 효과를 갖고 있음을 실감한다.

영화를 보면서 공감능력을 키울 수 있다

하지만 아무 생각 없이 영화를 보면 공감력이 전혀 길러지지 않는다. 내 개인적인 영화감상 경험을 곁들여 '공감력을 키우는 영화 감상법'을 소개한다.

1 등장인물에 감정이입한다. 영화를 보며 '나라면 저렇게 행동하지 않아.', '나라면 다른 걸 선택할 텐데.' 하며 감상을 말하는 사람이 있는데, 이런 방식은 공감력을 키우는 효과가 없다. 예를 들어 '007시리즈'의 주인공은 제임스 본드지 여러분이 아니다. '나라면 저렇게 행동하지 않아.'가 아니라 '제임스 본드는 왜 저런 행동을 했을까?'에 집중해야 주인공의 심리를 이해할 수 있다. 상대의 마음이 되어 생각해보는 사고과정에서 공감력이 커진다.

또한 지나치게 객관적으로 보면 어떤 영화도 재미가 없다. 그보다 등장인물, 특히 주인공에게 감정이입하며 보자. 공감하지 않으면 감정이입을 할 수 없다. 주인공의 마음에 자신의 마음을 겹쳐놓는다는 기분으로 영화를 보자. 그런 식으로 보면 어느새 감정이입을 하고, 공감력도 높아진다.

2 감정을 표현하며 영화를 본다. 영화를 다 본 뒤 '울 뻔했지만 참았다.'고 말하는 사람이 있다. 모처럼 울 수 있는 기회가 있었는데

왜 굳이 참았을까? 감정표현에 인색한 성격이라도 영화를 볼 때는 웃고 싶으면 웃고 울고 싶으면 울자. 감정을 표현하면서 영화를 즐겨야 한다.

눈물을 흘리면 스트레스가 발산되지만 눈물을 참으면 스트레스가 더 쌓인다. 눈물이 나올 것 같을 때는 신경이 흥분되고 아드레날린도 분비되며 교감신경이 우위에 있는 상태. 이때 눈물을 흘림으로써 이완상태인 부교감신경이 우위인 상태로 전환된다.

눈물이 날 것 같은데 억지로 참는 경우는 교감신경이 우위에 선 상태로, 즉 스트레스를 받은 상태다. 이런 상태로 극장에서 나오면, 결과적으로 스트레스를 발산하기 위해 영화를 봤건만 오히려 스트레스가 더 쌓이는 이상한 현상이 일어난다. 영화를 보다가 눈물이 나올 것 같으면 실컷 울기 바란다. 그러면 치유효과를 얻을 뿐 아니라 공감력이 커져 세로토닌 신경도 단련된다.

3 다른 사람과 함께 영화를 본다. 영화는 다른 사람과 함께 보는 것이 더 재미있다. 부부, 부모님, 연인, 친구…, 누구든 괜찮다. 공감은 감정을 공유하는 것이기도 하다. 그러니 영화를 함께 보면서 슬픔이나 즐거움 같은 감정을 공유하는 것도 의미가 있다. 다 보고난 뒤에는 그 영화에 대해 이야기해보면 어떨까? 같은 대사를

전혀 다르게 해석하거나, 결말을 서로 다르게 이해하는 경우도 있다. '다른 사람은 어떻게 느꼈을까?', '다른 사람은 어떻게 생각했을까?'를 자신의 감정, 생각과 대조해보는 과정에서 공감력이 자란다.

이처럼 영화감상을 통해 남의 마음을 더 잘 이해하게 되고 공감력도 키울 수 있다. 사람의 마음을 잘 이해하는 능력은 업무 역량을 높이는 데도 큰 도움이 된다.

일상생활 속에서
세로토닌을 활성화하는 법

고기를 먹으면 뇌와 마음이 느긋해지는 이유

앞에서도 언급했지만 세로토닌은 필수 아미노산인 트립토 판에서 생성된다. 필수 아미노산은 체내에서 만들지 못하므로 식사를 통해 섭취해야 한다. 즉 세로토닌을 만들려면 트립토판 을 꼭 섭취해야 하고, 그러지 못하면 세로토닌을 만들 수 없다. 트립토판은 고기, 대두, 쌀, 유제품 등에 들어 있다. 평소에 균형 잡힌 식사를 하면 트립토판이 결핍되는 일은 거의 없다.

그러나 극심한 다이어트를 하는 사람이나 편식이 아주 심한 사람은 트립토판이 부족할 수 있다. '욱하는 아이의 성품이 편식 과 연관되어 있다.'는 말이 있는데, 트립토판 부족으로 세로토닌이 적게 분비되었을 때 일어나는 문제들을 지적하는 연구자도 있다.

트립토판은 고기를 먹어서 섭취하는 것이 가장 쉽다. '고기는 건강에 나쁘다.'는 잘못된 인식이 퍼져 있는데 고기는 우리 몸에 꼭 필요한 아미노산을 효율적으로 섭취하기에 적합한 식재료다. 지방이 많은 고기를 선호하는 취향이 건강에 좋지 않을 뿐이지 고기 자체를 식탁에서 배제하면 안 된다. 또 세로토닌이 합성되려면 비타민B6가 반드시 있어야 한다. 앞에서도 말했지만 비타민B6는 쇠고기나 돼지고기, 닭의 간, 붉은 살 생선, 피스타치오, 참깨, 땅콩, 바나나, 마늘 등에 많이 함유되어 있으니, 이 음식들을 고기와 함께 먹는 것이 바람직하다.

인터넷에 떠도는 건강정보들 중 트립토판을 섭취하면 우울증을 예방할 수 있다거나 우울증을 치유하기 쉽다는 이야기가 있다. 그러나 내가 알아본 바로는 대규모 조사나 연구에서 트립토판 섭취로 우울증 예방이나 치료에 효과를 보았다는 보고는 거의 없었다. 어디까지나 트립토판은 '부족하지 않게' 섭취하는 것이 가장 중요하며, 트립토판을 필요 이상으로 많이 섭취한다고 세로토닌이 많이 생성되는 것은 아니다.

아침을 제대로 챙겨 먹으면 오전업무를 초고속으로

대체로 오전에는 머리가 안 돌아간다. 잠에서 깨어도 한동안 아무것도 하기 싫다. 그 이유는 크게 2가지다. 세로토닌이 활성화되지 않았거나, 저혈당이거나. 이 둘의 영향을 동시에 받는 사람도 있으리라. 세로토닌을 활성화하는 방법은 앞에서 이야기했으므로 여기서는 저혈당에 관해 살펴보겠다. 혈당치는 식사를 하면 상승한다. 자고 있는 동안에는 6시간 이상 아무것도 먹지 않았으므로 아침에는 하루 중 혈당이 가장 낮다.

그 상태에서 아침식사도 거르면 혈당이 낮은 채로 오전을 보내는 셈이다. 포도당을 거의 유일한 영양원으로 삼는 뇌는 저혈당 상태에서 성과를 발휘할 수 없다. 아침식사를 거르고 일을 시작했을 때 머리가 잘 돌아가지 않는 것은 당연한 이치다.

또 저혈당인 채로 지내면 비축해둔 글리코겐이 분해되어 포도당이 생성된다. 이때 분노와 관련이 있는 아드레날린이 분비되므로 초조해지기 시작한다. 공복을 참고 있으면 짜증이 나거나 쉽게 화가 나는 것은 당연한 일이다. 본래 오전 2~3시간은 뇌의 골든타임으로 뇌가 가장 활발하게 움직이는 시간대다. 그런데 아침식사를 거르고 허기를 참으면 뇌는 연료 결핍상태가 된다. 결국 이 아까운 시간대에 초조함까지 느끼며 집중력이 낮은 최악의 상태로 오전을 보내게 된다.

과거에 나도 그랬지만, 오전에 머리가 멍한 사람은 아침식사를 걸렀기 때문일 수도 있다. 앞서 말했듯이 아침식사를 꼭꼭 씹어서 하면 세로토닌도 활성화된다. 아침식사는 '뇌의 에너지원(포도당) 보급'과 '세로토닌 활성화'라는 일석이조의 효과를 준다. 오전에 전속력으로 일해서 최상의 성과를 내고 싶다거나, 뇌의 골든타임을 살려 질 높게 일하고 싶은 사람에게 아침식사는 필수다.

상습지각생이 '아침에 강한 사람'으로 다시 태어난 비결

2009년 4월에 일본 문부과학성이 실시한 전국학력·학습 상황조사(전국학력테스트)에서 흥미로운 결과가 나왔다. 초등학교 6학년생, 중학교 3학년생을 대상으로 전국에서 일제히 시험을 치는데 이때 생활습관에 대한 조사를 함께 실시하여 생활습관과 학력테스트 성적의 연관성을 고찰했다. 그에 따르면 '매일 아침밥을 먹습니까?'라는 질문에 '먹는다.'고 답한 아이의 학력테스트 평균 정답률이 60점인데 비해 '전혀 먹지 않는다.'는 아이의 정답률은 39점으로 21점이나 낮았다. 아이의 생활습관과 성적에 대한 조사는 그밖에도 여러 가지가 있지만 상당수가 '아침밥을 먹지 않는 아이는 성적이 나쁘다.'는 결과를 나타냈다.

이처럼 아이들의 경우 학력테스트라는 수치로 그 사실을 알수 있는데, 성인도 수치화되지 않았을 뿐 아침을 거르면 업무효율이 저하된다. 그런 사람일수록 '나는 아침에 약하다.'는 등 '나는 저녁형 인간'이라는 등 변명한다. 실제로는 체질문제가 아니라 '아침에 강한 생활습관을 실천하는 사람'이 '아침에 강한' 것뿐이다. 아침식사를 하면 최소한 '꼭꼭 씹어 먹기로 인한 세로토닌 활성화', '뇌에 필수 에너지원인 포도당 공급', '체온을 높여서 뇌와 몸을 각성시킴'이라는 3가지 효과를 얻을 수 있다.

특히 학습과 기억에 관한 효율은 오전이 오후보다 더 높다. 오전에 뇌가 더 많이 활성화된다는 연구결과도 많다. 그러니 오전에 뇌와 몸을 풀가동하지 않으면 평생 약 10만 시간의 손실이 발생한다. 오전에 생산성이 높아진다는 것까지 고려하면 여러분이 입은 손실은 헤아릴 수 없을 만큼 크다. 타고난 저녁형 인간이라고 생각했던 내가 30대 중반에 아침형으로 바뀔 수 있었던 것은 지금 생각하면 정말 행운이었다. 아침형으로 전환하려면 충분히 수면을 취해야 하는데, 5장에서 소개하는 '멜라토닌 업무방식'도 함께 실행하면 오전시간의 활용도가 근본적으로 바뀔 것이다.

잠이 안 깰 때는 '아침샤워'로 체온을 올려라

세로토닌을 활성화하는 방법을 제대로 실천하고 아침식사도 챙겨 먹는데, 그래도 오전시간이 상쾌하지 않은 사람이 있을 것이다. 그런 사람에게는 '아침샤워'를 추천한다. 아침에 일어나 샤워를 하면 머리와 몸이 상쾌해진다. 잠에 취한 머릿속이 완전히 각성한 상태로 변한다. 실제로 매일 아침에 샤워하는 습관이 있는 사람은 이런 각성효과를 잘 알고 있을 것이다. 아침샤워로 잠이 깨고 몸이 가벼워지는 것은 체온이 올라갔기 때문이다.

자율신경 중 낮의 신경(활동신경)인 교감신경이 우세해지면 온몸의 장기가 활성화되고 체온도 올라간다. 밤의 신경(휴식신경)인 부교감신경이 우세해지면 장기의 활동이 저하되고 체온이 내려간다.

아침에 눈을 떴다고 해서 부교감신경에서 교감신경으로 금방 전환되지는 않는다. 체온이 아직 올라가지 않았기 때문이다. 머리는 깨어 있지만 몸은 자고 있는 상태와 같다. 세로토닌은 부교감신경 우위에서 교감신경 우위로 전환되도록 도와준다. 그러므로 세로토닌이 활발하게 작용하지 않는 사람은 이런 활동모드인 교감신경으로 원활하게 전환되지 않아 아침에 컨디션이 좋지 않다. 그때 샤워를 하면 체온이 올라간다. 체온이 올라가면 좀 더 쉽게 교감신경으로 전환될 수 있다. 수면모드에서 활동모드로 바뀌면서 체온이 올라가고 머리와 몸이 가벼워진다. '오늘도 열심히 해야지.' 하는 마음가짐도 생긴다.

앞에서 아침에 잘 일어나려면 아침식사가 필수라고 했는데 아침식사를 하면 체온이 올라가는 효과도 있다. 섭취한 영양분을 연소하기 때문이다. 아침식사만 잘 챙겨 먹어도 체온상승으로 의욕이 샘솟는다. 실제로 일본의 초·중학생을 대상으로 한 조사결과가 있다. 아침밥을 먹는 아이와 아침밥을 거르는 아이의 체온을 측정했더니 후자가 전자보다 오전에 0.4~0.6도, 오후가 되어도 0.7~0.8도나 체온이 낮다는 결과가 나왔다. 이렇게 체온이 낮은 아이는 지각·결석이 잦고, 학습의욕과 성적이 낮다는 경향을 보였다.

사람은 낮에는 체온이 높고 밤에는 체온이 낮다. 원래 이 리듬이 반복되어야 하는데, 아침식사를 하지 않으면 오전에도 한동안 체온이 낮은 상태가 계속되는 것이다.

세로토닌 부족 때문에 생기는
무서운 증상들

세로토닌 이상이 '마음의 병'을 부른다

지금까지 세로토닌의 효용에 대해 이야기했는데, 세로토닌이 저하되면 심신의 균형이 무너질 위험이 있다. 인간은 스트레스에 직면하면 세로토닌이 저하된다. 스트레스 상태란 싸우느냐 도망치느냐 하는 긴급상태를 말하므로 느긋하게 '치유모드'를 유지할 수가 없다. 치유물질인 세로토닌이 억제되는 것이다. 그래서 장기적으로 스트레스에 노출되면 세로토닌 활성이 낮은 상태로 고정된다. 이것이 우울증이다.

또한 세로토닌은 불안을 누그러뜨리는 작용을 한다. 그래서 세로토닌이 저하되면 불안해진다. 이것이 극단적으로 심해지면 강한 불안감을 수반한 강박성장애나 공황장애가 된다. 시상하부에 투사한 세로토닌은 식욕이나 구토와도 연관이 있다. 여기에 장애가 일어나면 식욕조절을 못해 섭식장애가 되고 과식, 거식 등의 증상이 나타난다. 또 시상하부는 수면, 각성과 관련이 있으므로 세로토닌이 저하되면 아침에 잘 일어나지 못하고 그것이 수면장애의 원인이 되기도 한다. 이처럼 세로토닌 저하는 아주 무서운 상황을 유발한다.

세로토닌 활성이 잘 안 되는 사람은 딱 보면 알 수 있다. 먼저 얼굴에 활기가 없다. 그리고 몸 전체에 기운이 없다. 세로토닌은 표정이나 자세에 영향을 미치기 때문에 세로토닌이 활성화되지 않으면 대뇌기저핵의 주요 구성요소 중 하나인 선조체를 통해 표정근과 항중력근이 이완되는 것이다. 세로토닌은 충동성을 조절하는 기능도 한다. 세로토닌이 저하되면 이른바 '욱하기 쉬운' 상태가 된다. 충동을 조절하지 못해 참을성이 없어지고 때로는 폭력적으로 변하기도 한다. 이런 상태를 '저低세로토닌 증후군'이라고 한다.

세로토닌은 통증억제와도 관련이 있다. 세로토닌이 충분히 활성화된 상태에서는 통증을 잘 느끼지 못하는 반면 활성화되지 않으면 통증에 대한 감수성이 높아진다. 만성동통의 원인이 되는 것이다. 항우울제 투여가 만성적인 통증을 낳는 경우도 있다.

이처럼 세로토닌이 저하하면 수많은 질환의 원인이 된다. 그만큼 세로토닌은 정신기능의 중요한 부분을 맡고 있다.

손쉽게 세로토닌을 늘릴 수 있는 마법의 약

세로토닌 활성의 장점을 이야기하면 '그럼 약을 써서 늘리면 되지 않느냐?'고 묻는 사람이 반드시 있다. SSRI(선택적 세로토닌 재흡수 억제제Selective Serotonin Reuptake Inhibitors)라는 항우울제가 있다. 치료효과가 높고 부작용도 적어서 최근에는 우울증 치료에 빼놓을 수 없는 약으로 떠올랐다. 강박성장애나 공황장애 치료에도 쓰인다. 이 SSRI를 한마디로 말하자면, 뇌 내의 세로토닌을 활성화하는 약이다. 다만 세로토닌을 많이 생성하고 분비하는 게 아니라, 시냅스 간극에 방출된 '세로토닌 재흡수'를 저해할 뿐이다.

시냅스 간극에 방출된 세로토닌은 전 시냅스막에서 흡수되어 재활용된다. 그 세로토닌의 흡수구에 SSRI가 뚜껑을 덮어 세로토닌을 재흡수하기 어렵게 만들기 때문에 시냅스 간극의 세로토닌 농도가 높아진다. 며칠간 여행을 갔다 오면 우편함에 우편물이 쌓여 있다. 이것은 우편물을 꺼내지 않아서 쌓여 있을 뿐이지 우편물의 양 자체가 증가한 것은 아니다. SSRI의 원리도 이와 같다. 시냅스 간극(우편함)에서 세로토닌(우편물)을 꺼내지 않음으로써 결과적으로 세로토닌이 많이 쌓이는 것이다.

그러므로 우울증이나 강박성장애가 아닌 사람은 SSRI를 복용해도 세로토닌의 치유효과를 얻을 수 없다. 시냅스 간극의 세로토닌 농도가 충분하기 때문에 그리 눈에 띄는 효과가 나타나지 않는다. 오히려 SSRI가 시냅스 간극의 세로토닌 농도를 늘리려 하는 것을 뇌는 '세로토닌이 많이 나오고 있다.'고 착각한다. 그 결과 세로토닌 생성이 감소하거나 세로토닌 수용체의 감수성이나 수가 변화해 뇌에 현저하게 악영향을 미칠 가능성도 있다. SSRI는 부작용이 적고 사용하기 편리한 약이지만 일반인이 갖고 있는 이미지는 별로 좋지 않다. SSRI를 먹고 자살했다거나 범죄를 저질렀다는 보도가 종종 나오기 때문이다.

미국에서는 처음 SSRI가 시판되자 '인간의 감정을 통제할 수 있는 꿈의 약'이 등장했다며 호들갑을 떨었다. 그래서 정상적인 사람이 SSRI를 먹으면 행복해진다는 말도 나왔다. 이렇게 SSRI를 '기분이 좋아지는 약'으로 인식하고 우울증이 아닌데도 영양제 먹듯이 복용하는 사람들이 많이 나타나기 시작했다. 미국도 일본처럼 처방전이 있어야 SSRI를 구입할 수 있지만, 불법 사이트를 통해 음성적으로 유통된다.

수십 년 전부터 전통적으로 이용되어온 우울증약인 '삼환계 항우울제'와 SSRI를 비교한 몇몇 연구에 따르면 SSRI에 의해 일어난 자살률은 삼환계 항우울제와 비슷하다는 결과가 나왔다. 우울증이나 강박성장애 환자에게 SSRI를 투여하자 '초조함이 증가하는' 증상이 나타나는 것은 나도 실제로 환자들을 통해 경험한 적이 있다. 이 증상은 SSRI 투여를 감량하거나 중단하면 곧바로 사라진다.

의사와 잘 상담해서 약을 복용해야 하는 것은 정신과 약이든 내과 약이든 마찬가지다. SSRI는 결코 무서운 약이 아니다. 우울증으로 SSRI를 복용하는 사람이 있다면 마음대로 중단하지 말고 반드시 의사의 지시에 따라 올바르게 복용하기 바란다.

반대로 정신질환이 없는데 SSRI를 복용하면 안 된다. 환자도 아닌 사람이 의사의 지시도 없이 영양제처럼 SSRI를 먹기 시작하면 당연히 여러 가지 부작용이 생긴다. 세로토닌을 활성화하고 싶다면 햇볕 쬐기와 리듬운동, 꼭꼭 씹어 먹기를 매일 실천하자. 그리고 공감력을 키우자. 그렇게만 해도 충분히 세로토닌을 활성화할 수 있으니 안이하게 약에 의존하는 짓은 절대 해서는 안 된다.

스트레스를 줄이고 공감능력을 키우는 세로토닌

☐ 치유물질인 세로토닌은 각성, 기분, 마음의 안정과 깊은 연관이 있다.

☐ 세로토닌을 활성화하는 3가지 방법은 햇볕 쬐기, 리듬운동, 꼭꼭 씹어 먹기다.

☐ 커튼을 열어두고 자면 아침에 일어나기 쉽다.

☐ 기상 후 2~3시간, 뇌의 골든타임을 유용하게 사용하자.

☐ 뇌를 활성화하려면 반드시 아침을 먹어야 한다.

☐ 답답할 때 기분전환에 도움이 되는 7가지 '세로토닌 기분전환법'

　1. 점심외식

　2. 걸으며 생각하기

　3. 심호흡

　4. 낭독

　5. 목 돌리기 운동

　6. 위의 기분전환법 조합해서 실천하기

　7. 세로토닌 활성화를 습관화하기

☐ 감동의 눈물에는 '치유' 효과가 있다. 공감력을 키우면 세로토닌 신경이 단련된다.

☐ 평소 세로토닌 신경을 단련해두면 우울증을 예방하는 효과가 있다.

완벽하게 재충전시켜주는
수면물질

멜라토닌

Chapter **5**

'금방 잠드는 사람'은
무엇이 다를까?

최강의 업무방식은 바로 수면

업무시간에는 맹렬하게 일하고, 퇴근 후에는 피트니스클럽에 가서 운동을 하며, 회식도 빠지지 않고, 여가시간 역시 열정적으로 즐기는 사람…. 여러분의 직장에도 이렇게 에너지가 넘치는 '행동파' 동료가 있을 것이다. 그는 왜 이렇게 항상 힘이 넘칠까? 아침부터 밤까지 열정적으로 활동하는데 어떻게 저렇게 '피곤'이라는 단어를 모르고 살까?

기운이 넘치는 사람과 그렇지 않은 사람의 차이가, 나는 '수면'에 있다고 생각한다. 깨어 있는 동안에는 활기차게 움직이고, 밤에는 깊은 수면을 취해 낮시간의 피로를 완전히 풀면, 결과적으로 매일 힘차게 활동할 수 있다.

최근 '힐링' 붐으로 재충전이나 휴식에 관한 책도 많이 나오는데, 사람들이 휴식에 대해 잘 모르는 것 같다. 재충전이나 휴식 없이 달리기만 하면 성공하기 전에 과로로 쓰러지거나 병에 걸릴 것이다. 가장 중요한 업무방식을 하나만 고르라고 한다면 나는 '충분한 수면을 취하는 것'이라고 하겠다. 수면은 인간활동의 기본이다. 잠을 제대로 자지 않으면 몸과 마음이 망가진다. 그렇게 되면 일은 당연히 제대로 할 수가 없다.

한 연구에 따르면 성적이 상위 10%인 우수한 학생의 수면시간을 7시간 이하로 줄였더니, 하위 9%까지 떨어졌다고 한다. 또 다른 연구에 따르면, 5일 연속으로 수면시간을 5시간 이하로 줄였더니 48시간 동안 잠을 자지 않은 사람과 같은 수준으로 인지능력이 낮아졌다고 한다. 이틀 밤을 새운 사람과 같은 상태라는 말이다. 수면부족은 주의집중, 실행, 즉각적인 기억, 작업기억, 기분, 논리적 추론, 수학적 능력 등 거의 모든 뇌기능을 떨어뜨린다. 그런 상태에서는 아무리 열심히 한들 그 일이 잘될 리가 없다. 수면과 그에 기반을 둔 건강을 무시하고는 결코 비즈니스에서 성공할 수 없다.

그러나 수면에 대해 알고 싶어 하는 사람은 의외로 많지 않다. 많은 이들이 수면을 악화시키는 습관을 갖고 있는데도 모른다. 이번 장에서는 멜라토닌과 수면 메커니즘에 대해 설명하고 낮 동안 힘차게 활동할 에너지를 재충전하는 방법을 소개하겠다.

수면과 각성을 조절하는 '수면유도 호르몬'

우리 몸에는 잠을 자기 위한 2가지 시스템이 있다. 그중 하나가 멜라토닌이다(참고로 나머지 하나는 GABA라는 뇌 내 물질인데, 카카오 등에 들어 있어 그 이름을 딴 초콜릿도 판매되고 있다).

멜라토닌은 1958년에 발견되었다. 뇌신경뿐 아니라 맥박, 체온, 혈압을 떨어뜨림으로써 수면과 각성리듬을 잘 조정하여 자연스럽게 잠을 유도한다. 온몸의 장기를 휴식모드로 전환하는 것이다. 이런 점에서 멜라토닌은 '수면물질' 또는 '수면유도 호르몬'이라고 불린다.

멜라토닌은 뇌의 '송과체'라는 부분에서 분비된다. 송과체는 망막이 받아들이는 빛의 양 정보를 바탕으로 멜라토닌 분비량을 결정한다. 눈에 들어오는 빛의 양이 줄어들면 그것을 감지한 송과체가 멜라토닌을 분비하는 것이다. 잠잘 때 방 안을 어둡게 하면 푹 잘 수 있는 것은 광자극이 차단되어 멜라토닌 생성이 증가하기 때문이다.

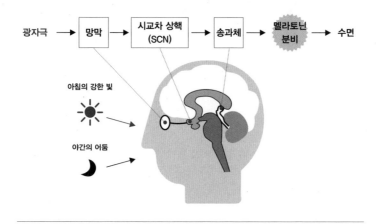

── 송과체와 멜라토닌 분비 ──

4장에서 이야기한 세로토닌은 수면 중에 '잠에서 깨는 것'과 관련 있다. 쾌적하게 눈을 뜨는 것은 세로토닌 분비의 영향을 받는다. 반면 멜라토닌은 잠이 드는 것에 영향을 끼친다고 생각하면 된다. 이런 멜라토닌의 수면에 대한 효과를 정리해보자.

- 수면잠복기 단축 : 금방 잠들게 한다.
- 수면효율 연장 : 누워 있는 시간에 대한 수면시간의 비율을 연장한다.
- 수면시간 연장 : 길게 지속적으로 잘 수 있다.

멜라토닌은 주간보다 야간에 5~10배나 많이 생성된다. 특히 새벽 2~3시쯤 생성량이 최고조에 이른다. 잠을 푹 자려면 멜라토닌이 충분히 분비되어야 한다. 반대로 불면증인 사람은 멜라토닌 분비가 잘되지 않는 상태일 수 있다. 경우에 따라서는 정신질환 증상인 '수면장애'가 나타나기도 한다.

몸과 마음의 건강지표, 수면을 관찰하라

"잠은 잘 자나요?" 이것은 정신과의사가 통원환자에게 매번 반드시 물어보는 질문이다. 그만큼 수면이 정신의학적으로 중요하기 때문이다. 수면은 심신의 건강상태를 뚜렷하게 보여주는 지표다. 많은 정신질환에는 수면장애가 따라오기 때문이다. 우울증, 조현병, 알코올 의존증인 사람은 잠을 잘 자지 못할 확률이 높다. '정신과에서 볼 수 있는 가장 많은 증상은 불면'이라고 해도 좋을 정도다. 그리고 많은 병은 증상이 악화됨에 따라 수면장애도 심해진다. 반대로 증상이 호전되면 수면장애도 호전된다. 이렇듯 수면은 증상의 악화나 개선의 지표로서 대단히 중요한 의미를 갖는다.

"잠은 정말 잘 자요. 하지만 정신적으로는 항상 컨디션이 좋지 않아요."

이렇게 말하는 사람은 거의 없다. 우울증인 사람들 중 대부분이 수면장애에 시달린다. 그것도 초기부터 나타나기 때문에 우울증 조기발견의 중요한 지표이기도 하다. "요즘 잠이 안 와."라는 말은 스트레스를 받아 몸과 마음의 균형이 무너지고 있다는 징조다.

- 잠이 쉽게 들지 않는다.
- 자다가 중간에 깬다.
- 잠을 충분히 자는데도 여전히 피곤하다.
- 아침에 일어나기 힘들다.

위의 증상들이 수면장애의 징후다. 몸과 마음의 건강에 '노란색' 신호가 깜빡거리고 있다는 뜻이다. 본격적인 수면장애를 겪을 때는 반드시 의사를 찾도록 하자. 하지만 '잠이 잘 안 오는데…' 정도라면 생활습관을 바꿔서 멜라토닌을 분비시키면 어느 정도 해결된다. 그러면 기분 좋게 잠을 잘 수 있다.

쾌적한 수면을 선사하는
7가지 습관

1. 침실을 어둡게 하고 잔다

종종 수면등을 켜놓아야 잘 수 있다는 사람이 있는데, 수면 등에 따라 다르겠지만 이것은 별로 좋은 방법이 아니다. 빛을 싫어하는 멜라토닌의 특성상 자는 동안 망막에 빛이 들어오면 멜라토닌 분비가 억제되기 때문이다.

1,000럭스 이하의 조도라면 멜라토닌이 별로 억제되지 않는다고 한다. 하지만 수면환경이 어두울수록 좋은 것은 확실하다. 가능하면 완전히 깜깜한 상태가 좋다. 수면등도 끄고 되도록 어둡게 해놓고 자는 것이 가장 쉽게 멜라토닌 분비를 촉진하는 방법이다.

4장에서 아침에 상쾌하게 눈뜨고 싶다면 커튼을 열고 자라고 했는데, 그렇게 하면 외부의 빛이 들어와 침실이 밝아지는 방도 있을 것이다. 그럴 때는 숙면을 위한 멜라토닌 분비가 더 중요하므로 아쉽지만 커튼으로 창을 가리고 자는 것이 좋다. 아침에 잘 일어나는 것도 중요하지만 그 전에 제대로 잠을 자야 하기 때문이다. 번화가에 있어서 커튼을 쳐도 외부 빛이 들어와 밝은 방이라면 수면 안대를 하고 자는 방법도 있다. 잠에서 깼을 때 깜깜한 것이 너무 싫다면, 침대 아래 바닥조명을 이용하자. 망막에 직접 빛이 들어가지 않으므로 수면에 영향을 줄 일이 거의 없을 것이다.

2. 자기 전에 약간 어두운 방에서 긴장을 푼다

멜라토닌 분비는 저녁 무렵부터 증가하기 시작해 잠자리에 들기 전에는 이미 활발해진다. 즉 잠들기 전에 어떻게 시간을 보내느냐가 멜라토닌 분비에 영향을 끼친다는 말이다. 예를 들어 샹들리에 빛이 눈이 부실 정도로 밝게 빛나는 방에 늦게까지 있으면 어두운 침실에 들어가 누워도 금방 잠이 오지 않는다. 반대로 조명을 약간 줄인 상태에서 1~2시간을 보내면 멜라토닌 분비가 증가한다. 이때는 완전히 소등하고 자리에 누우면 쉽게 잠들

수 있다. TV드라마를 보면 집으로 돌아온 주인공이 조도가 낮은 간접조명이 켜진 방에서 음악을 들으며 휴식을 취하는 장면이 종종 나온다. 이렇게 너무 밝지 않은 장소에서 긴장을 푸는 것은 잠자기 전에 시간을 보내는 가장 바람직한 방법이라고 할 수 있다. 이때는 은은한 '간접조명'을 권장한다.

3. 자기 전에는 형광등 불빛을 피한다

침대에 책을 갖고 와 30분 정도 읽다가 자는 사람도 있을 것이다. 이것도 멜라토닌 활성화 측면에서 보면 무척 좋은 방법이다. 다만 독서등이나 침실조명에 '형광등'은 피하자. 잠자기 전 몇 시간 동안 청색등(형광등, 주광색)의 빛을 받으면 멜라토닌 분비가 억제된다. 빛을 받고 있을 때뿐 아니라 등을 끈 뒤에도 몇 시간 동안 멜라토닌 분비가 억제된다는 사실이 밝혀졌다.

청색등은 일광 수준의 색온도가 있어서 몸이 '지금은 낮이구나.' 하고 착각한다. 그러나 적색등(전구색)은 극단적으로 조도가 높은 경우를 제외하고는 멜라토닌 분비에 영향을 미치지 않는다. 여러분의 침실조명이나 독서등이 형광등이 아닌지 확인해보자. 만약 형광등이라면 적색계 전구로 바꾸는 것이 좋다. 요즘 유행인 LED를 고려하는 사람도 많을 텐데, LED전구는 주광색과

전구색 2가지가 있다. 주광색은 형광등과 같은 파장이므로 침실
에는 전구색을 선택하자.

4. 심야에 편의점에서 잡지를 읽지 않는다

밤 11~12시쯤 편의점에 가보면 많은 젊은이들이 잡지 스탠
드 앞에 서서 잡지를 읽고 있다. 그중에는 일을 마치고 귀가하는
직장인도 섞여 있다. 그들에게 편의점에서 잡지를 읽는 것은 '무
료로 즐길 수 있는 소소한 오락'이자 중요한 휴식일 수도 있다.
그러나 편의점에서 깊은 밤까지 잡지를 읽는 것은 말리고 싶다.
최소한 '수면'에는 분명히 나쁜 영향을 주기 때문이다. 앞에서 잠
자기 몇 시간 전에 어두운 방에서 긴장을 풀면 멜라토닌 분비가
촉진된다고 설명했는데, 편의점의 조도는 800~1,800럭스로 너
무 밝다. 이렇게 밝은 곳에 있으면 멜라토닌 분비가 억제된다. 가
정집 형광등이 100~200럭스, 꽤 밝은 것도 500럭스 정도이니 편
의점이 얼마나 밝은지 알 수 있다. 더구나 편의점은 전구색이 아
니라 백색등을 사용하기 때문에 멜라토닌 생성을 더욱 억제한
다. 심야에 편의점에 오래 머무는 것은 수면리듬에 악영향을 끼
치고 불면증의 원인이 될 수 있다.

5. 자기 전에 게임, 스마트폰, 컴퓨터를 하지 않는다

퇴근 후 집에 와서 잠자리에 들기 전까지 어떻게 시간을 보내는지도 중요하다. 많은 사람이 TV를 보거나 스마트폰, 게임, 컴퓨터를 하며 그 시간을 보낸다. 규슈대학의 히구치 시게카즈 교수는 야간에 컴퓨터 모니터를 장시간 들여다보면 멜라토닌 분비가 억제되고 체온이 좀처럼 떨어지지 않아 잠이 오지 않는다고 발표했다. 잠이 잘 오려면 체온이 낮아져야 한다. 장시간 스마트폰이나 컴퓨터 모니터, TV를 보는 것, 그 화면을 통해 게임을 하는 것은 수면에 좋지 않은 습관이다.

특히 게임은 그 내용에 따라 다르겠지만 전투나 격투 등 사람을 흥분시키는 것이 많다. 이런 게임은 아드레날린을 분비시켜 교감신경이 활동하게 된다. 원래 밤시간대에는 부교감신경이 활동해야 하는데 그 반대가 되는 것이다. 시스템 엔지니어처럼 늦은 밤까지 하루 종일 컴퓨터 화면을 마주하는 직종인 사람 중 '수면리듬장애(낮에 자고 밤에 깨어 있는, 밤낮이 바뀐 증상)' 환자를 종종 볼 수 있다. 한밤중까지 컴퓨터 화면을 계속 들여다보는 것은 수면의 질을 떨어뜨린다.

6. 낮시간에 세로토닌을 활성화시킨다

세로토닌은 필수 아미노산인 트립토판에서 생성되고 그 세로토닌에서 멜라토닌이 생성된다. 즉 멜라토닌의 원료는 세로토닌이다. 세로토닌은 아침에 눈을 뜨고 몸과 마음이 활동을 시작하면서 점점 활발하게 분비된다. 특히 오전 중에 많이 분비된다. 그리고 해가 지고 어두워지면 세로토닌에서 멜라토닌이 생성되기 시작한다. 이른바 세로토닌은 '낮의 활동물질'이고 멜라토닌은 '밤의 수면·휴식물질'이다. 이 2가지가 낮과 밤에 번갈아가며 기능하는 것이다.

앞에서 우울증에 걸리면 대부분의 사람이 수면장애를 겪는다고 했는데 우울증은 세로토닌이 잘 분비되지 않아 고갈된 상태다. 그래서 우울증에 빠지면 세로토닌을 원료로 하는 멜라토닌 분비도 악화되고 수면장애가 일어난다. 그것이 심해지면 '불면증'이 된다. 우울증과 불면증은 멜라토닌을 통해 밀접하게 관련되어 있다. 나는 우울증이 아니니까 이런 이야기와는 상관없다고 생각해서는 안 된다. 우울증이 아닌 건강한 사람도 피로에 지쳐 세로토닌 활성이 저하될 수 있기 때문이다.

4장에서 이야기했듯이 세로토닌을 활성화하면 의욕이 솟고 기분이 좋아지며, 멜라토닌도 원활하게 분비된다. '충분한 멜라

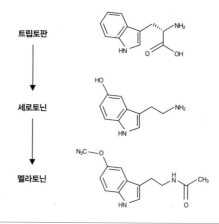

트립토판

세로토닌

멜라토닌

토닌 분비=양질의 수면'이라고 앞에서 설명했는데, 그러니까 숙면을 위해서는 먼저 세로토닌을 활성화해야 한다. 그러므로 숙면을 하려면 4장에서 소개한 세로토닌 활성법을 실천하는 것이 선행되어야 한다.

7. 아침에 햇볕을 쬔다

'일찍 일어나려면 일찍 자야 된다.'고 생각하는 사람이 많다. 그러나 생물학적으로 일찍 자는 것은 일찍 일어나는 것과 직접

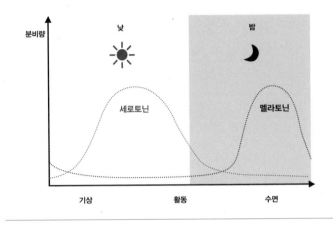

멜라토닌과 세로토닌의 하루 리듬

적인 관련이 없다. 평소에 밤늦게까지 깨어 있던 사람이 갑자기 일찍 자려고 하면 잠이 잘 안 온다. 뒤척이다가 결국 평소 취침시간까지 잠들지 못한다.

아침에 일어나 햇볕(고조도의 빛)을 받으면 체내시계가 초기화된다. 그로부터 15시간 정도 지나면 멜라토닌이 분비되며 자연스럽게 수면이 유도된다. '밤늦은 시간=멜라토닌이 나오기 시작하는 시간'은 이불 속에 들어간 시간이 아니라 '아침에 일어나는 시간=아침 햇볕을 쬐는 시간'에 의해 결정되는 것이다. 바꿔 말하면 아침 일찍 일어나는 가장 효과적인 방법은 전날 아침 일찍 일어나는 것이다. 열심히 아침 일찍 일어나면 체내시계가 초기화되고, '일찍 자고 일찍 일어나는' 사이클이 시작된다.

인간의 몸에는 '체내시계'가 있다. 신기하게도 이 체내시계의 주기는 24시간이 아니라 25시간이다. 매일 아침햇볕을 받으면 아침이 올 때마다 체내시계가 초기화되므로 25시간 주기여도 별 문제가 없다. 하지만 햇볕을 받지 않는 생활을 하면 1시간의 시간차가 영향을 주어 기상시간이 점점 늦어진다. 아침에 일어나지 못해서 학교에 못 가겠다는 등교거부 학생이나, 또는 방 안에 틀어박혀서 나오지 않는 아이들은 아침에 체내시계가 초기화되지 않는다. 때문에 더더욱 아침에 일어나지 못해 밤낮이 바뀐 생활을 하게 된다. 하지만 일찍 일어나도 실내에서 TV를 보거나 신문을 읽으며 지내면 별 의미가 없다. 체내시계를 초기화할 때는 '고高조도의 빛'이 중요하다. 그 빛을 충분히 받을수록 리셋이 잘된다.

쾌청한 날 실외조도는 1만 럭스나 된다. 하지만 실내에서는 1,000럭스 이하로 떨어진다. 밝기가 10배 이상 다르니 실내와 실외에서는 체내시계의 리셋효과도 다르다. 일찍 일어나면 방에 있지 말고 밖에 나가 직접 햇볕을 쬐자. 그래야만 체내시계를 제대로 초기화할 수 있다. 세로토닌 활성화까지 고려하면 30분을 넘지 않는 워킹이 이상적이다.

'늙지 않는 몸'을 만드는
멜라토닌

불로장생의 묘약

멜라토닌은 수면촉진물질이자 세포복구물질이다. 노화방지
와 항종양효과 역시 다양한 연구로 이미 알려졌다. 먼저 노화방
지효과로 강력한 '항산화작용'을 들 수 있다. 항산화작용은 신체
를 산화시키는 원인인 활성산소를 처리하는 작용을 말한다. 결
과적으로 안티에이징(항노화) 효과를 얻을 수 있다. 활성산소는
동맥경화의 원인이 되기도 하는데, 동맥경화가 진행되면 심근경
색이나 뇌졸중 등 심혈관계 질병에 걸릴 위험이 높아진다. 활성
산소가 제거되면 동맥경화가 예방되므로 심근경색이나 뇌졸중
도 예방된다는 말이다.

항산화작용이 강한 물질로는 비타민E가 잘 알려져 있다. 그런데 멜라토닌의 항산화작용은 이 비타민E의 2배다. 종종 '녹슬지 않는 몸을 만들어라.'라고 하는데 멜라토닌은 신체에 녹을 방지하는 효과가 있다. 즉 멜라토닌이 야간에 제대로 분비되면 질병에 걸릴 위험이 감소하고 노화방지에도 도움이 된다.

또 멜라토닌에는 종양증식 억제작용, 혈관신생 억제작용, DNA 복구작용 등 다채로운 항종양효과가 있다. 쉽게 말하자면 멜라토닌은 체내의 중요한 '회복물질'이다. 우리는 피곤할 때 체력을 회복하기 위해 영양음료를 마시기도 하는데, 사실 이것은 드링크제에 들어 있는 카페인(흥분물질)이 억지로 몸과 마음을 흥분시키는 것이다. 힘이 나는 느낌이지만 실제로는 전혀 회복되지 않은 상태다. 그런 것보다는 궁극의 회복물질인 멜라토닌을 분비시켜야 한다. 잠을 푹 자야만 병에 걸리지 않고 몸을 젊게 유지할 수 있다. 이처럼 뛰어난 기적의 회복물질을 우리 뇌는 스스로 분비할 수 있는 것이다.

반대로 회복이 되지 않아 몸에 한계가 온 것이 '과로사'다. 사실 과로사는 피로가 쌓여 죽는 것이 아니다. 피로가 과다하게 쌓였다고 해서 어느 날 갑자기 심근경색이나 뇌졸중이 일어나진 않는다. 실제로 연구결과에 따르면 심근경색, 뇌졸중 발생률은 업무량이나 노동강도에 비례하는 것이 아니라 짧은 수면시간과 상관이 있다고 한다.

한 조사에 따르면 주 40시간 근무하며 야근을 하지 않는 사람은 평균 7.3시간 수면한다고 한다. 그런데 야근을 월 80시간 혹은 하루 3.5시간 이상 하면 수면시간은 평균 6시간으로 줄어든다. 또 야근을 월 100시간 혹은 하루 4.5시간 이상 하면 수면시간은 5시간밖에 안 된다. 야근이 늘어나면 자연스럽게 귀가시간이 늦어지니 수면시간도 줄어든다. 그 결과 수면을 통한 휴식과 회복이 불충분해져 심혈관계 질환에 걸릴 위험이 높아진다. 야근노동과 암 발병률에 관한 관계를 보여준 연구 데이터도 있다. 그에 따르면 '월 3회 이상 야근노동을 30년 이상 계속하면 유방암 발병률이 1.5배 높다.'고 하며, '월 3회 이상 야근노동을 15년 이상 계속하면 대장암 발병률이 1.4배 높다.'고 한다. 낮에 강도 높게 일해도 밤에 충분한 시간 동안 푹 자면 계속 열심히 일할 수 있다. 몸도 마음도 건강하게 지낼 수 있다는 말이다. 그러려면 '질 높고, 충분한 시간의 수면'이 반드시 필요하다. 밤에 멜라토닌을 분비시켜 제대로 수면을 취하는 것은 건강에 무척 중요하다.

'늙지 않은 몸'은 내 안에서 만들어진다

멜라토닌이 불로장생의 묘약이라고 하면 어떤 사람은 "그럼, 멜라토닌이 들어간 건강기능식품을 먹으면 되겠네요!"라고 말한다. 하지만 여러 번 말했듯이 건강보조식품을 통해서만 섭취하면 뇌 내 물질을 충분히 공급할 수 없다. 일본에서 멜라토닌은 의약품에 속한다. 멜라토닌의 제조, 판매, 수입도 금지되어 있고 규제를 받는다. 그러나 미국에서는 멜라토닌을 건강보조식품으로 복용할 수 있다. 슈퍼마켓 등에서 자유롭게 구매할 수 있는 것이다. 멜라토닌이 수면이나 생체방어에 중요한 역할을 한다는 기초 데이터가 있지만, 그 효과를 건강보조식품으로 얻을 수 있다는 데이터는 아주 빈약하다.

실제로 미국 FDA(식품의약국)는 멜라토닌에 의약품적 효과나 기능이 있다고 인정하지 않는다. 또 장기복용에 따른 안전성과 부작용에 대해서도 제대로 된 데이터가 없다. '시차 때문에 힘들 때 멜라토닌 보조식품이 효과적'이라는 이야기가 있지만 불면증 치료에 효과적이라는 충분한 데이터는 없다. 만약 수면제로 써도 될 만큼의 효과가 검증되었다면 불면증 치료약품으로 규정될 수 있겠지만, 현재는 그렇지 않다.

뇌 내 물질에 관한 모든 건강보조식품에 대해 이렇게 말할 수 있다. 외부에서 섭취하는 것이 아니라 우리 몸에서 합성, 분비되는 것이 가장 바람직하다. 건강보조식품으로 섭취하기보다는 멜라토닌이 잘 나오는 생활과 행동을 하는 것이 훨씬 중요하다.

　그리고 수면은 멜라토닌만으로 유도되는 게 아니다. 진정작용이 있는 GABA 신경계와도 관련이 있다. 멜라토닌 이외의 호르몬이나 각종 수면 관련 물질의 농도가 낮과 밤에 변동하는 것(액성조절)과도 관련이 있다. 또는 교감신경과 부교감신경의 균형과 수면리듬도 중요하다. 건강기능식품으로 멜라토닌만 섭취한다고 모든 요소가 개선되진 않는다는 말이다. 그보다는 생활습관을 고쳐 깊은 수면을 함으로써 몸과 마음의 피로를 풀자. 그래야 내일도 일할 기운이 난다.

수면시간보다 중요한 것은 '잘 잤다는 느낌'

　이렇게 말하면 "그럼 몇 시간을 자면 되나요?"라고 묻는 사람이 많다. 일본인의 평균 수면시간은 평일 7시간 26분, 토요일 7시간 41분, 일요일 8시간 13분이라는 조사결과가 나왔다. 수면시간과 수명의 관계를 연구한 결과도 있는데, 7시간 이상 8시간 미만인 경우에 평균 여명이 가장 긴 것으로 조사되었다. 즉 수면시간은 너무 짧아도, 너무 길어도 수명연장에 좋지 않다.

　또 수면시간과 우울증 발병을 조사한 연구에 따르면, 수면시간이 7시간 정도인 사람이 우울증 위험이 가장 적었다고 한다. 이 데이터를 종합해보면 건강한 수면시간은 7~8시간 정도라고 생각할 수 있다. 그런데 수면은 개인차가 있으므로 모두에게 해당하는 '바람직한 수면시간'이 있는 것은 아니다.

중요한 것은 아침에 일어났을 때 '아, 잘 잤다!' 하고 느끼는 것이다. 그런 느낌은 수면의 질과 양이 적절하다는 증거다. 이 잘 잤다는 느낌을 '숙면감'이라고 하는데 수면은 '시간의 길이'가 아니라 숙면감 여부가 더 중요하다. 종종 "나는 잠을 충분히 자니까 괜찮아요."라고 말하는 사람이 있다. 그런데 여기서 잠을 충분히 잔다는 것은 대부분 '수면시간을 충분히 확보하고 있다.'는 뜻으로 쓰인다. 그래서 아침에 일어나기 힘들거나 자고 일어나도 여전히 피곤한데도, 수면시간이 길었다면 '충분히 잤다.'고 착각하는 것이다.

숙면과 재충전을 좌우하는 멜라토닌

☐ 수면물질 멜라토닌이 분비되면 잠이 잘 온다.

☐ 멜라토닌은 숙면, 피로회복에 필수적인 뇌 내 물질이다.

☐ 불면은 몸과 마음의 병이 찾아올 징조일 수도 있다.

☐ 멜라토닌을 분비하는 7가지 방법

　1. 침실을 깜깜하게 하고 잔다.

　2. 자기 전에 어두운 방에서 긴장을 푼다.

　3. 자기 전에는 형광등 빛을 피한다.

　4. 밤늦은 시간에 편의점에 서서 잡지를 읽지 않는다.

　5. 자기 전에 게임, 스마트폰, 컴퓨터를 하지 않는다.

　6. 낮시간에 세로토닌을 충분히 활성화한다.

　7. 아침에 햇볕을 쬔다.

☐ 하루 7~8시간 정도 푹 자는 것을 목표로 한다.

영감과 아이디어가
필요할 때

아세틸콜린

Chapter **6**

'일단 해보자'는 마음이
'의욕'을 낳는다

의욕이 나지 않으면 일단 시작하라!

방 청소를 해야지 하고 생각했지만 귀찮기도 하고 꼼짝하기가 싫었다. 하지만 일단 청소를 시작하니 왠지 기운도 나고 재미있어서 생각보다 열심히 했다. 이런 경험이 없는가? 심리학자 에밀 크레펠린은 일단 어떤 일을 시작했을 때 마음이 점점 고조되어 정말로 의욕이 생기는 현상을 '작업흥분'이라고 불렀다. 소위 '하고자 하는 마음', '의욕', '신바람' 같은 말로 표현되는 상태다. 뇌 속 '의욕 스위치'가 켜진 상태라 할 수 있다. 무기력할 때 의욕이 생길 때까지 기다리는 사람이 많지만, 그것은 잘못된 일이다. 오히려 '의욕이 나지 않으니 일단 시작하자.'는 것이 뇌과학적으로는 올바른 동기부여 방법이다.

　뇌에는 측좌핵이라는 부위가 있다. 뇌의 거의 중앙에 좌우대칭으로 존재하는 사과씨만 한 작은 부위다. 이 측좌핵의 신경세포가 활동하면 의욕이 솟는다. 다만 측좌핵의 신경세포는 어느 정도 '자극'이 주어졌을 때만 활동을 시작한다. 마냥 기다리고만 있으면 아무리 시간이 흘러도 자극을 얻을 수 없다. 억지로라도 일을 시작하면 그것이 측좌핵을 자극한다. 측좌핵이 흥분하며 아세틸콜린이 분비되면서 점점 기분이 고양된다. 그러므로 의욕이 나지 않으면 일단 시작하는 것이 정답이다.

　아세틸콜린은 부교감신경의 절전·절후섬유(부교감신경의 흥분)와 교감신경의 절전섬유(교감신경의 억제), 그리고 운동신경 전달물질이라는 역할을 한다. 교감신경이 엑셀이라면 부교감신경은 브레이크다. 3장에서 이야기했듯이 교감신경이 흥분하면 아드레날린이 분비된다. 이 아드레날린으로 엑셀을 밟았다면 아세틸콜린으로 브레이크를 밟는 것이다.

　그밖에도 아세틸콜린은 전뇌기저부(마이네르트 기저핵, 내측중격핵 등)에서 대뇌피질, 대뇌변연계, 시상 등에 투사하여 인지기능(사고, 기억, 학습, 주의력, 집중력), 각성과 수면(특히 렘수면), 시터파Theta Welle 발생, 정동기억 등의 기능도 맡고 있다. 즉 일을 할 때 인지기능과 영감, 작업효율, 창조력·발상력 등과 관련된 뇌 내 물질

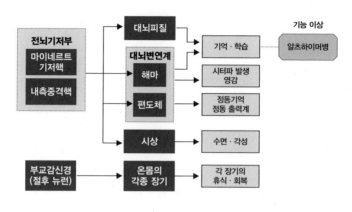

───── 아세틸콜린의 주요 기능 ─────

※ 주요 경로만 단순화하여 나타냈다.

이다. 아세틸콜린을 조절할 수 있으면 일의 효율을 높이고 영감을 얻기 쉽다는 이점이 있다는 말이다.

26분 낮잠이 업무능력을 34% 높인다

20년 전 어느 유명 종합병원에 근무했을 때 경험한 일이다. 당시 나는 오전에만 50~60명의 환자를 진찰해야 했다. 그렇게 많은 환자를 보다 보면 몸도 뇌도 파김치가 된다. 그럴 때는 점심을 먹고 나서 남은 30분 동안 낮잠을 잤다. 그러면 오전에 쌓인 피로가 거짓말처럼 풀려 다시 오후진료를 의욕적으로 할 수 있었다.

낮잠이 뇌와 몸의 피로회복에 효과가 있음을 다들 경험으로 알 것이다. 실제로 많은 뇌과학 연구에서 낮잠이 뇌의 효율을 크게 개선한다며 낮잠을 추천한다. NASA(미국항공우주국)에서 낮잠과 비행사의 업무능력에 관한 연구로 눈부신 성과를 올린 과학자 마크 로즈카인드는 "겨우 26분으로 직원의 능력을 34%나 향상시키는 경영전략이 또 어디 있겠습니까?"라고 물었다. 단 30분만 낮잠을 자도 뇌의 효율을 30% 이상 끌어올릴 수 있다. 낮잠의 효과는 그만큼 대단하다.

일본인을 대상으로 한 연구에서도 '30분 이내의 낮잠을 자는 습관이 있는 사람은, 낮잠 습관이 없는 사람에 비해 알츠하이머병 발병률이 5분의 1 이하다.'라는 결과가 나왔다. 뒤에서 더 자세히 설명하겠지만 알츠하이머병에 걸리면 아세틸콜린계의 기능저하가 나타난다. 알츠하이머병과 아세틸콜린은 밀접한 관계가 있다는 말이다.

수면에 관련된 뇌 내 물질로 5장에서 멜라토닌에 대해 설명했는데 아세틸콜린도 수면과 깊은 관련이 있다. 수면 중(특히 숙면을 취하는 렘수면 중)에 아세틸콜린 분비가 왕성해져 뇌와 몸의 휴식을 촉진한다.

그러므로 업무를 하다 지쳐서 졸음이 쏟아질 때는 커피나 음료수를 마시며 참지 말고 30분 정도 짧게 낮잠을 자는 것이 효율적이다. 뇌가 회복되어 결과적으로 업무의 질과 양도 향상된다. 그러나 낮에 60분 이상 자면 알츠하이머병 발병률이 2.6배나 높아진다고 한다. 낮잠이 너무 길어지면 밤에 잠들지 못해 수면리듬에 악영향을 미치기 때문이다.

시터파가 나올 때 훌륭한 아이디어도 나온다

심리적으로 편안한 상태에서 '알파파'라는 뇌파가 나오는 것은 비교적 잘 알려진 사실이다. 그런데 뇌파 중에는 '시터파'라는 뇌파도 있다. 알파파의 주파수가 9~12Hz인데 비해 시터파는 4~7Hz다. 즉 시터파는 알파파보다 좀 느린 파장으로 수면에 돌입하기 전의 꾸벅꾸벅하는 상태, 깊은 명상상태나 깜빡 조는 상태에서 발생하는 뇌파다. 시터파는 아세틸콜린과 아주 깊은 연관이 있다. 아세틸콜린이 해마를 자극하여 시터파를 내보내기 때문이다.

해마는 스스로도 시터파를 생성하지만 아세틸콜린이 활성화되면 더 많은 시터파를 생성하고 시냅스(신경과 신경의 접합)도 쉽게 연결된다. 시냅스가 쉽게 연결되면 기억이 쉽게 정착된다.

'시냅스가 연결되었을 때 기발한 아이디어가 나온다.'고 하는데 이것은 '시터파가 나오면 기발한 아이디어가 나온다.'로 바꿔 말해도 좋을 것이다.

즉 '아세틸콜린 분비→해마에서 시터파 생성→기억력·발상력 향상'이라는 상관관계가 있다. 아세틸콜린을 원활하게 분비해 시터파를 낼 수 있으면 기억력이 강화되고 뛰어난 아이디어를 낼 수 있다는 말이다. 시터파를 내는 방법으로는 낮잠을 자는 것 외에도 '호기심 자극하기', '외출하기', '앉은 채로 손발 움직이기' 등이 있다.

항상 호기심을 갖고 새로운 일에 도전하면 시간이 흘러도 뇌가 젊은 상태를 유지해 건망증이 생기지 않는다는 말을 종종 든는다. 그것은 왕성한 호기심이 아세틸콜린 분비를 촉진하기 때문이다. 시터파는 새로운 것을 접하거나 낯선 장소에 갔을 때, 흥미를 가졌던 것을 탐색할 때, 새로운 자극이 많은 환경에서 생활할 때 활발하게 나온다.

외출도 마찬가지다. 평소에 다니지 않는 곳을 걷거나 눈에 들어오는 풍경이 바뀌기만 해도 시터파가 더 쉽게 나온다. 요즘 TV를 보면 산책 프로그램이 인기다. 연예인이나 유명인사가 교외 구석구석을 찾아 산책하면서 그곳에 있는 가게를 들르거나 거기서 만난 사람들과 교류하며 그 마을을 소개하는 프로그램이다. 요컨대 모르는 마을을 '어슬렁'거리는 셈인데 이 산책 프로그램처럼 어슬렁거리며 걷는 것은 아세틸콜린 분비를 촉진한다.

앞에서도 말했지만 나는 점심 때 밖으로 나가 점심을 사먹는다. 세로토닌을 활성화하기 위해서 그렇게 하는 것이지만 그와 동시에 아세틸콜린 분비도 촉진시키는 효과가 있다. 새로운 가게가 생겼다는 소식을 들으면 반드시 그 가게에 찾아간다. 또는 항상 같은 가게에 갈 경우에는 먹어보지 않은 새로운 메뉴에 도전한다. 겨우 1시간 남짓한 점심시간에도 새로운 가게나 새로운 메뉴에 도전함으로써 호기심을 돋워 아세틸콜린 분비를 촉진시킬 수 있다. 그때 반드시 필기도구를 지참하는데, 주문한 음식을 기다릴 때나 점심을 먹고 있을 때 좋은 아이디어가 떠오르는 일이 많기 때문이다.

아이디어가 퐁퐁 솟아나는 4B의 기적

《스웨덴식 아이디어북》이라는 책에는 '아이디어가 떠오르기 쉬운 4곳의 장소'가 소개된다. 바Bar, 욕실이나 화장실Bathroom, 버스Bus, 침대Bed다. 각각의 머리글자를 따서 '창조성의 4B'라고 한다. 아이디어는 책상 앞에서 골똘히 생각한다고 저절로 떠오르는 것이 아니다. 오히려 이완된 순간이나 아무것도 생각하지 않고 있는 멍한 순간에 떠오른다. 그렇게 심리적으로 이완시켜주는 곳이 '창조성의 4B'이다.

바에서 술을 마시며 살짝 취기가 돌았을 때, 욕조에 편하게 몸을 담그고 있을 때, 버스나 지하철을 타고 있을 때, 잠들기 전이나 자고 있을 때, 그런 상황에서 뛰어난 아이디어가 쉽게 떠오른다는 것은 나 역시 100% 동의한다. 아르키메데스가 '아르키메데스의 원리'를 발견한 곳도 욕조가 아니었는가? 나도 지하철에서 광고를 보거나 사람들을 관찰할 때 재미있는 아이디어가 떠오른 적이 여러 번 있었다.

이 '창조성의 4B'는 '시터파의 4B'라고 바꿔 말할 수 있다. 4곳 모두 시터파가 나오기 쉬운 장소이자 아세틸콜린이 나오기 쉬운 장소다. 내일이 마감인 기획서를 작성해야 할 때, 책상 앞에 앉아 열심히 생각하거나 회의실에 틀어박혀 격렬하게 논쟁하는 사람이 많다. 그런데 앞에서도 말했듯이 이런 활동은 뇌과학적으로 보았을 때는 완전히 역효과다. 물론 영감의 소재를 입력하는 작업은 필요하다. 많은 자료를 읽어보거나 최소한의 논쟁으로 아이디어를 다듬는 일 말이다. 하지만 진짜 중요한 아이디어는 책상이나 회의실에서 멀리 떨어진 곳에서 나온다.

시간대에 따라
적합한 업무가 다르다

오전 – 논리력, 결단력이 필요한 일

기상 후 오전 2~3시간은 '뇌의 골든타임'이라고 앞에서 강조했다. 그만큼 뇌가 활발하게 움직이는 시간대라는 것이다. 이러한 뇌의 골든타임을 잘 활용하고 있는가? 그 시간을 어떻게 보내느냐에 따라 하루에 할 수 있는 일의 양과 효율이 몇 배나 차이가 난다. 예를 들면 나는 책 1권을 집필하는 데 1개월이면 충분하다. 이렇게 말하면 사람들은 대부분 깜짝 놀란다. 특히 편집자나 작가 등 실제로 출판업에 종사하는 사람일수록 놀라는 것 같다. 보통은 3개월 정도 집필기간이 걸린다고 한다.

그렇다면 나는 어떻게 보통 사람의 3배 속도로 글을 쓸까?

뇌의 골든타임을 효과적으로 쓰기 때문이다. 뇌의 골든타임은 오전 2~3시간이다. 이 시간에 집중해서 글을 쓰면 400자 원고지로 10~20매 정도 쓸 수 있다. 책 1권은 300~400매 정도이므로 그 페이스로 1개월이면 탈고가 가능하다.

그런데 밤시간대에 원고를 쓰면, 내 경우에는 2~3시간 동안 책상 앞에 앉아 있어도 10매도 쓸 수 없다. 그런 경험에서 뇌의 골든타임의 중요성을 실감했다. 이 이야기를 하면 반드시 이런 반론이 날아온다. "저는 밤에 머리가 맑아져요.", "밤에 더 집중이 잘되고 여러 가지 아이디어가 떠올라요."라고 말이다. 이른바 '저녁형 인간'의 반론이다.

그러나 이에 대해서는 뇌과학적으로 명확하게 설명할 수 있다. 오전의 뇌는 수면에 의해 전날의 기억이 깔끔하게 정리되어 있는 상태다. 아무것도 놓이지 않은 책상처럼 백지상태다. 수면으로 충분한 휴식을 했으므로 뇌의 작업효율도 높다. 그리고 오전 중에는 세로토닌이나 도파민 등의 '아민$_{amine}$'이 우세한 상태다. 이때 적합한 작업은 정확성, 면밀함, 논리성, 집중력이 요구되는 일이다. 쉽게 말해 논리적이고 정교한 작업이다. 예를 들면 다음과 같다.

- 글쓰기

- 번역이나 어학공부 등의 언어활동
- 수준이 높고 복잡한 계산
- 논리적이고 냉철한 이성이 필요한 중요한 결단

이런 일들은 오전 중 뇌의 골든타임에 더 적합하다. 또 전체를 둘러보는 일, 예를 들어 '할 일 목록 작성하기'나 '목표설정', '계획 세우기' 등도 좋다.·

오후, 밤 – 상상력, 창조력이 필요한 일

오후가 되어 뇌가 지치면 논리적인 작업에 관한 효율이 확 떨어진다. 사실 오후부터 밤까지는 아세틸콜린이 원활하게 분비된다. 오후에 약간 졸린 것은 아세틸콜린이 활성화되어 시터파가 나오기 쉬워지기 때문이다. 오후에 뇌가 피로해지는 것은, 뒤집어 생각하면 기회이기도 하다. 논리적 사고력이 느슨해지면서 생각지도 못한 기발한 아이디어가 나올 수 있기 때문이다.

밤늦은 시간대에도 시터파가 무척 잘 나온다. 영감이나 참신한 발상을 얻을 수 있어서 창조적인 작업에 적합하다. 아세틸콜린은 창조력의 근원이기도 하다. 영감은 하나하나의 기억이 의식적으로 연결되는 것이 아니라 아세틸콜린의 작용에 의해 여러 기억이 무작위로 연결되었을 때 일어난다. 머리를 쓰며 아이디어를 쥐어짜서 나오는 생각은 영감이라고 할 수 없다.

창의적 활동이나 창작활동은 상식과 고정관념을 뛰어넘은 생각을 해야 한다. '○○여야 한다.'는 논리에 속박될수록 틀에 박힌 발상밖에 하지 못해 기상천외한 아이디어가 나오지 않는다. 밤에는 이렇게 '논리사고의 구속'이 약해짐과 동시에 아세틸콜린이 쉽게 나와 '창조적 활동'에 적합한 상태로 바뀐다.

조각가인 여동생에게 언제 작업을 하는지 물었더니 '저녁부터 심야'라는 대답이 돌아왔다. 오전이나 낮에는 영감이 솟지 않는다고 한다. 내 친구들 중 예술가 몇 명에게 같은 질문을 했더니 그들 역시 대부분 밤이나 심야, 때로는 밤을 꼬박 새며 작업한다고 했다. 창조력이 필요한 예술가들은 뇌과학적으로 '밤'의 작업이 적합하고, 실제로 밤시간대를 잘 활용하여 창작활동을 하는 사람이 많다. 그러므로 오전보다는 오후나 밤에 집중하는 편이 뇌활동 패턴과 들어맞아 잠재력을 120% 발휘할 수 있다.

오전에는 논리적인 작업이 적합하고, 오후나 밤에는 창조적인 작업에 적합하다. 이 낮과 밤의 '뇌의 적성'을 알고 나서부터 나는 내 일을 상당히 효율적으로 할 수 있게 되었다. 적어도 밤에 '원고집필'은 고생스럽기만 하고 비효율적이므로 하지 않게 되었다. 시간을 효율적으로 쓰게 된 것이다. 그래서 나는 오후부터는 창조적인 작업, 예를 들어 아이디어 떠올리기, 글감 모으기 같이 '컨셉을 만들거나 다듬는 일'을 한다. 논리적인 글이 아니라 칼럼이나 블로그 글 등은 밤에 쓰는 편이 더 재미있게 써지는 것 같다. 그리고 다른 사람과 소통하며 영감을 받는 것도 반드시 점심시간 이후에 한다.

하루 종일 같은 일을 같은 페이스로 해야 하는 사람도 있겠지만 그렇지 않다면 오전에는 '논리적 작업'에 중점을 두고, 오후부터는 아세틸콜린이 활약하는 '창조적 작업'에 집중해보자. 업무효율이 비약적으로 높아질 것이다.

자면서 영감을 얻은 사람들의
특별한 생활습관

수면은 아이디어 발상에 아주 중요한 시간

역사상 유명한 발견 중 몇 가지는 자는 동안에 나왔다. 화학 교과서 맨 뒷장에 나오는 주기율표가 그 예다. 이것을 처음 발견한 러시아 화학자 멘델레예프는 어느 날 밤 혼자 트럼프를 하면서 우주의 성질에 대해 생각하고 있었다. 그러다가 꾸벅꾸벅 졸고 말았는데 꿈에서 우주에 존재하는 모든 원자가 어떤 체계로 존재하는지 깨달았다. 그는 눈을 뜨자마자 그 유명한 주기율표를 완성했다.

뱀이 꼬리를 물고 있는 모양의 벤젠 구조식을 발견한 독일의 화학자 케쿨레도 원모양으로 자신의 꼬리를 물고 있는 뱀, 즉 우

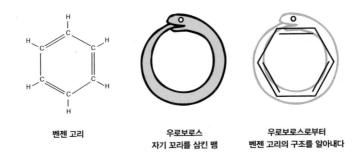

벤젠 고리

우로보로스
자기 꼬리를 삼킨 뱀

우로보로스로부터
벤젠 고리의 구조를 알아내다

로보로스 꿈을 꾸어 '벤젠의 육각형 구조'를 알아냈다고 한다.

이처럼 자는 동안 뛰어난 아이디어를 떠올린 역사적 일화는 상당히 많다. 그들이 천재여서 가능했을까? 나는 그렇지 않다고 생각한다. 잠든 사이에 대단한 발견을 할 수 있었던 데에는 뇌과학적인 근거가 있다. 수면은 얕은 렘수면과 깊은 논렘수면으로 나뉘는데, 우리는 렘수면일 때 꿈을 꾼다. 이 렘수면일 때의 뇌파는 시터파가 주체다. 즉 아세틸콜린이 활발하게 분비되는 상태이다.

렘수면에서는 아세틸콜린이 아주 우세하며 세로토닌이나 도파민 등의 아민계는 최저 수준으로 떨어진다. 기상천외한 꿈

혹은 현실에서는 절대 있을 수 없는 꿈을 꾸는 것은 아민에 의해 논리적 속박에서 뇌가 해방된 상태이기 때문이다.

덧붙이자면 영감은 기억과도 관련이 있다. 수면의 80%를 차지하는 렘수면 중에는 무수한 뉴런이 끊임없이 패턴을 바꿔가며 활발하게 전기신호를 교환한다. 의외로 수면 중에도 뇌는 활발하게 활동하는 것이다. 이 렘수면 중에 '기억정리'가 이루어진다. 아침에는 깨끗했던 책상이 저녁 무렵에는 서류나 책으로 어지럽혀져 있는데, 그것을 자는 동안 뇌가 정리하여 다시 깨끗하게 치우는 것이다. 이 작업의 주역이 아세틸콜린이다.

앞에서도 말했듯이 렘수면 중에는 아세틸콜린이 활성화된다. 아세틸콜린이 활발하게 분비되는 상태에서 기억과 기억이 연결되고 장기기억으로 정착된다. 즉 제대로 잠을 자지 않으면 기억이 잘 정착되지 않는다는 말이다. 이른바 밤을 새워서 후딱 외우는 벼락치기 공부는 최악의 공부법이다. 이 정리과정에서 관련성이 별로 없는 일들이나 기억이 잘 결합되어 거기에서 의미를 찾아내는 것이 영감과 발상이다. 역사상 엄청난 발견이 꿈에서 힌트를 얻었거나 잠에서 깬 그 순간에 떠오른 것은 뇌과학적으로 말하면 당연한 결과라 할 수 있다.

천재들처럼 자면서 엄청난 영감을 얻는 법

천재가 아니어도 누구나 뛰어난 영감을 얻고 싶다. 사실 여러분도 충분히 자면서 영감을 얻을 수 있다. 영감이란 '무無에서 뛰어난 아이디어가 떠오르는' 것이 아니다. 뇌에서 여러 가지 정보가 결합되어 생기는 것뿐이다. 아이디어의 재료는 이미 우리 머릿속에 다 있다는 말이다. 뛰어난 발상을 하려면 많은 정보를 입력해야 한다. 많은 책을 읽고 여러 정보를 접하며, 다양한 경험을 통해 수많은 시행착오를 함으로써 영감을 얻게 된다.

멘델레예프와 케쿨레도 다양한 논문을 읽고 가능한 모든 논리적인 시행착오를 거듭한 후에, 수면을 통해 '논리의 속박'에서 벗어났다. 결과적으로 이론과 상식을 뛰어넘은 뛰어난 영감을 얻을 수 있었다. 영감을 얻고 싶다면 많은 책을 읽고 정보를 입력하자. 때로는 다른 사람과의 대화나 영화, 소설 등 다른 방향에서 입력된 정보가 영감의 재료가 된다.

또 영감이 번뜩인 그 순간에 즉시 적어놓는 것도 중요하다. 영감은 신경세포의 발화(전기적 활동)에 지나지 않는다. 쉽게 말하자면 불꽃이 '팍!' 하고 튀는 것이다. 불꽃이 터지는 그 순간에 셔터를 눌러야 불꽃사진을 찍을 수 있듯이 뇌 속의 신경발화는 그 순간이 지나면 소멸된다. 영감은 기억에 남지 않는다.

멋지고 신나는 꿈을 꾸다가 눈을 뜨면 잠시 행복한 기분이

들지만 얼마 지나지 않아 그 꿈의 세부적인 내용이 머릿속에서 사라진다. 꿈도 단순한 신경세포의 발화이기 때문이다. 반면 악몽은 며칠이 지나도 기억에 남는데 이것을 공포와 관련되어 아드레날린과 노르아드레날린 등의 기억증강 물질이 분비되기 때문이다. 그런 경우가 아니라면 대부분의 꿈이나 영감은 몇 분 이내에 잊힌다. 이것은 뇌의 특성상 어쩔 수 없는 일이다. 입력된 모든 것을 계속 기억해야 한다면 뇌는 정보로 꽉 차서 터져버릴 것이다. 입력된 정보도 영감도 99% 이상은 잊힌다.

그러므로 영감이 번뜩였다면 그 순간에 반드시 메모를 하자. 그렇게 하지 않으면 아무리 뛰어난 발상이나 역사적인 발견도 사라져버린다. 메모를 습관화하면 여러분의 아이디어 메모에 독특한 착상, 영감이 점점 축적될 것이다.

영감이 솟아나는
아세틸콜린 생활습관

아이디어를 짜내야 하는 사람이 금연해야 하는 이유

'담배를 피우면 머리가 맑아지고 집중력이 높아진다. 그러므로 담배는 일의 효율을 높인다.' 이런 논리를 펼치는 애연가들이 가끔 있는데 의학적으로는 완전히 잘못된 생각이다. 담배를 계속 피우고 싶어서 그렇게 변명하는 것뿐이다. 아세틸콜린에는 '무스카린 수용체'와 '니코틴 수용체'라는 2가지 수용체가 있다. 수용체는 뇌 내 물질과 결합하여 그 자극을 감지하는 스위치 같은 것이다. 그리고 니코틴은 알다시피 담배에 들어 있는 주요 성분이다.

담배를 피우면 니코틴은 폐에서 흡수되고 불과 7초 만에 뇌

속에 도달해 니코틴 수용체와 결합한다. 니코틴이 니코틴 수용체와 결합하면 아세틸콜린이 니코틴 수용체와 결합하는 것과 같은 반응을 일으킨다. 그래서 담배를 피우면 머리가 맑아지는 기분이 든다. 여기까지 이야기하면 역시 담배는 머리를 맑게 하는 데 효과적이라고 오해하는 사람도 있을 텐데, 절대 그렇지 않다. 당연한 말이지만, 담배를 피우는 사람은 매일 피운다. 그러면 뇌에서 심각한 일이 발생한다.

담배에서 니코틴을 섭취해 아세틸콜린 수용체를 지속적으로 자극하면 뇌는 '아세틸콜린이 충분하다.'고 착각한다. 그 결과 아세틸콜린 생성을 게을리하게 된다. 이것은 담배를 피울수록 점점 진행된다. 결국 '아세틸콜린 부족상태'가 평상시의 상태가 된다. 그러면 뇌가 아세틸콜린을 생성하지 않으니 그 대신 외부에서 니코틴을 섭취해야만 한다. 이것이 니코틴 의존증(담배 의존증)이다.

담배를 피워 머리가 맑아지는 것은 아세틸콜린이 충족된 상태, 즉 '평상시 상태'로 돌아갔을 뿐이다. 더구나 니코틴 수용체와 결합한 니코틴은 30분 뒤에는 절반으로 줄어든다. 금방 아세틸콜린이 부족해져서 초조하고 안절부절 못하게 된다. 그러므로 30분이나 1시간마다 담배를 피워 외부에서 니코틴을 공급함으로써 '여기 아세틸콜린 같은 게 있어요.'라고 뇌를 속이는 짓을 계속해야 하는 것이다. 이런 상태를 건강하다고 할 수 있을까?

30년 전만 해도 흡연이 알츠하이머병에 걸릴 위험을 감소시킨다는 설이 있었지만 현재 그 학설은 잘못된 것임이 밝혀졌다. 대규모 면역연구에서는 '흡연이 알츠하이머병의 발병위험을 1.79배 높인다.'는 결과까지 나왔다. 흡연이 폐암을 비롯해 각종 질환의 발병률을 높이고 신체에 심각한 악영향을 끼치는 것은 이미 많은 사람이 알고 있다. 그러나 신체뿐 아니라 뇌에 대해서도 담배는 악영향을 준다. 흡연은 아세틸콜린 생성을 저해하고 초조감을 일으키며 업무효율을 저하시키는 주요 원인이다.

아세틸콜린과 알츠하이머병의 상관관계

지금까지 알츠하이머병과 아세틸콜린에 관한 대규모 조사들을 소개했다. 이것은 이 2가지가 밀접한 관련이 있기 때문이다. 알츠하이머병은 인지증(치매)의 일종으로 '베타아밀로이드 단백질'이 뇌 내에 축적되어 신경세포사死가 유발되는 병이다. 알츠하이머병에 걸리면 아세틸콜린계 기능이 저하된다. 알츠하이머병의 증상은 건망증, 즉 '기억장애'가 유명한데 그 외의 증상으로 '인지장애'가 있다. 이름 그대로 다양한 인지기능장애가 나타나는 것이다. 기억과 학습, 주의집중, 사고, 시공간인지 등의 장애다. 알츠하이머병(알츠하이머형 인지증)의 치료약으로 '도네페질(donepezil, 아리셉트라고도 한다. - 옮긴이)'이라는 약이 있다. 쉽게 말하면 아세틸콜린을 늘리는 약이다. 이 약을 투여하면 환자의 인지기능이 개선된다. 그 점에서도 인지기능과 아세틸콜린이 깊이 관계되어 있음을 알 수 있다.

그런데 도네페질을 복용한다고 해서 아세틸콜린이 늘어나진 않는다. 알츠하이머형 인지증이 아닌 보통 사람이 복용하면 아세틸콜린이 증가해 '인지기능'이 향상될 것이라고 생각하는 사람도 있을지 모르겠다. 하지만 그렇지는 않다. 도네페질은 단순히 아세틸콜린 분해를 저해하는 약이다. 아세틸콜린 분해를 늦춰서 아세틸콜린의 효과를 높이는 것이다. 아세틸콜린 생성이나 분비 자체를 늘리는 것이 아니므로 알츠하이머형 인지증이 아닌 사람이 도네페질을 복용해도 눈에 띄는 효과가 나타나지 않는다. 아세틸콜린계 활동이 병적으로 저하된 사람이 복용해야만 효과가 나타나는 약이다. 그러니 정상인이라면 약을 먹기보다는 생활습관을 바꿔서 아세틸콜린을 늘려야 한다.

알츠하이머병 예방에 가장 효과적인 생활습관은 '운동'이다. 핀란드에서 1,500명을 대상으로 실시한 연구에 따르면 주 2회 이상 운동하는 사람은 그렇지 않은 사람에 비해 인지증에 걸릴 확률이 50% 이상 낮다는 결과가 나왔다. 주 2회, 1회에 20분 이상 유산소운동을 함으로써 알츠하이머병에 걸릴 위험을 60% 이상 줄일 수 있다는 연구도 있다. 그 밖의 많은 연구가 정기적인 유산소운동이 알츠하이머병을 예방한다고 발표했다.

실제로 인지증 환자를 보면 수년에 걸쳐 서서히 진행되었던 건망증이 환자가 걸을 수 없게 되거나 자리보전한 뒤부터 급속히 진행되는 경우가 종종 있다. 운동을 할 수 없게 되어서 진행이 빨라진 것이다. 보행 같은 유산소운동을 하면 뇌 내의 콜린 작동성 시냅스(아세틸콜린을 전달물질로 사용하는 신경)가 작동하여 대뇌피질이나 해마에서 아세틸콜린 방출량이 늘어나 혈류가 증가한다. 또한 대뇌피질의 모세혈관이 확장되어 폐색된 뇌혈관의 혈류저하 증상이 개선되기 때문에 허혈로 신경세포가 사멸하는 일이 줄어든다.

그러므로 노인이 운동을 하는 것은 아주 중요한 의미를 지닌다. 물론 젊은 사람도 적당한 유산소운동을 해야 한다. 운동으로 아세틸콜린과 도파민 등의 분비가 촉진되어 뇌가 활성화되기 때문이다. 45~60분 정도의 유산소운동을 최소한 주 2회, 가능하면 주 4회 정도 하는 것이 바람직하다.

달걀덮밥과 두부 된장국이 영감을 준다

아세틸콜린의 원료는 '레시틴'이다. 그래서 레시틴이 부족하면 아세틸콜린이 충분히 생성되지 않는다. 식사를 통해 레시틴을 충분히 섭취하면 아세틸콜린 활성화에 도움이 된다. 뇌에 좋다고 하는 건강기능식품을 복용해도 '혈액뇌관문'이라는 뇌의 관문에 막혀 뇌에 충분히 도달하지 않는 경우가 많다. 그러나 레시틴은 뇌 내 이행성이 높다. 그래서 식사로 섭취한 레시틴은 뇌로 잘 전달되어 아세틸콜린의 원료가 된다. 다만 레시틴이 들어간 식품을 2배 섭취하면 아세틸콜린이 2배로 늘어나느냐 하면 그것은 그렇지 않다. 레시틴이 부족하면 아세틸콜린이 충분히 생성되지 못할 수 있으니 부족해지지 않도록 주의하자는 것이다. 이것은 다른 신경전달물질 부분에서 설명한 내용과 같다.

레시틴이 풍부하게 함유된 식재료는 달걀노른자와 대두다. 곡류(특히 현미), 간, 땅콩류 등에도 들어 있다. 즉 달걀덮밥과 두부 된장국 같은 평범한 식사를 하면 레시틴이 부족할 일은 거의 없다. 또 레시틴은 '유화'라는 독특한 작용을 한다. 이것은 기름을 녹이는 작용이다. 카레에 두유를 약간 넣으면 부드러운 맛이 난다. 또 기름기가 있는 국에 두부를 넣으면 표면의 유막이 국 전체에 녹으며 사라지는 것을 볼 수 있다. 대두가 원료인 두유는 레시틴이 풍부하다. 레시틴은 유화작용에 의해 혈관벽에 부착된 콜레스테롤을 녹여 동맥경화를 방지한다. 간의 지방을 분해하므로 지방간을 예방하는 효과도 있다. 레시틴은 성인병 예방에도 효과가 좋은 영양소이므로, 적극적으로 섭취하도록 하자. 평범한 가정식을 잘 챙겨먹으면 레시틴을 매일 공급할 수 있다. 하지만 요즘 젊은 사람의 편식 경향을 생각하면 레시틴이 부족한 사람도 있을 수도 있으니 주의하도록 하자.

감기약, 잘못 먹으면 큰일 난다

알츠하이머병의 치료약인 도네페질과는 반대로 아세틸콜린을 줄이는 약도 있다. 감기약, 비염약, 지사제 등에 포함된 디펜히드라민이나 스코폴라민이라는 성분이다. 이 성분은 '항콜린작용'을 하여 아세틸콜린을 억제한다. 감기약을 복용했더니 머리가 멍해지며 아무것도 할 수 없었거나 졸려서 혼난 경험이 없는가? 아세틸콜린이 억제되어서 나오는 증상이다. '감기 기운이 있으니까 감기약을 미리 먹어둬야지.' 이렇게 생각해 아세틸콜린을 억제하는 성분이 함유된 감기약을 먹으면 뇌가 충분한 성과를 낼 수 없다. 그러므로 중요한 프레젠테이션이나 시험 직전에는 감기약 복용에 신중해야 한다.

감기를 낫게 하려면 면역력을 높이는 것이 가장 중요하다.

면역력을 높이는 데는 휴식과 충분한 수면이 가장 효과적이다. 감기약을 먹으면 인지기능(사고력, 판단력, 집중력 등)이 저하되므로 당연히 운전을 하면 안 된다. 주의력이 떨어져 추돌사고를 일으킬 위험이 커진다. 감기약 설명서에 자동차 운전이나 기계조작을 삼가라는 경고가 쓰여 있기도 한데, 이 역시 아세틸콜린 억제로 인해 인지기능이 저하되는 것과 관계가 있다.

또 감기약 중에는 콧물을 멈추게 할 목적으로 항히스타민 작용을 하는 성분이 든 것도 있다. 이것도 머리를 멍하게 만들고 졸음을 유발하는 등 부작용을 조심해야 한다. 감기약을 꼭 복용해야 한다면 복용 후에는 집에서 느긋하게 쉬자.

아이디어가 퐁퐁 솟아나는 아세틸콜린

☐ 뇌 내 물질 아세틸콜린은 인지기능과 영감에 깊은 관련이 있다.

☐ 의욕이 나지 않을 때는 일단 시작하라. '작업흥분'에 의해 의욕이 솟을 것이다.

☐ 26분간의 낮잠으로 뇌의 효율이 34%나 높아진다.

☐ 운동은 뇌를 활성화하는 가장 간단한 방법이다.

☐ 시터파를 내면 영감이 쉽게 솟는다. 외출, 낮잠, 앉은 채로 손발 움직이기, 호기심 자극으로 시터파를 낼 수 있다.

☐ 아이디어를 내고 싶다면 '창조성의 4B(Bar, Bathroom, Bus, Bed)'를 기억하라.

☐ 뇌는 시간대에 따라 적성이 다르다. 오전에는 논리적인 일을, 오후나 밤에는 창조적 일을 하자.

☐ 뛰어난 영감을 얻으려면 그 재료가 되는 정보를 충분히 입력해야 한다. 그리고 영감이 떠오르면 즉시 메모를 하자.

☐ 흡연하면 아세틸콜린 생성이 감소된다.

☐ 아세틸콜린의 원료인 레시틴은 달걀노른자나 대두로 공급하자.

효율을 2배 높이는
뇌 내 마약

엔도르핀

Chapter 7

극한상황에서 초인적인 힘이
나오는 이유

격투기 선수는 왜 고통스러운 표정을 짓지 않을까?

권투나 K1 등의 격투기 시합에서 선수가 맹공격을 받고 얼굴이 부어올라 뼈가 부러지진 않았을까 걱정스러울 지경이 되는 경우가 있다. 그래도 선수는 전혀 아프지 않은 듯 시합을 계속한다. 격투기 선수의 정신력이 유독 강해서 통증을 잘 참는 것일까? 아니다. 중상을 입은 환부의 아픔은 참을 수 없을 정도의 격렬한 통증을 수반한다. 그런 환부에 펀치를 얻어맞으면 보통 때는 아파서 견딜 수 없을 것이다.

3장에서 흥분상태에서는 아드레날린이 분비된다고 했다. 아드레날린에도 진통작용이 있지만 골절과 같은 격렬한 통증을 억제할 정도는 아니다. 원래대로라면 참을 수 없이 격렬한 통증도 아무렇지도 않은 얼굴로 시합을 계속할 수 있는 것은 엔도르핀 덕분이다.

엔도르핀은 강력한 진통작용을 하는 뇌 내 물질이다. 모르핀과 비교하면 6.5배의 진통작용을 한다. 모르핀이라고 하면 마약의 일종이자 말기 암환자 등의 심한 통증을 완화시키기 위해 의료계에서도 쓰이는 진통제다. 모르핀의 몇 배나 되는 진통작용을 지닌 물질이 우리 뇌에서 분비되는 것이다. 엔도르핀은 뇌에서 생성되고 심한 스트레스를 받았을 때 분비되어 진통효과를 발휘한다. 이것을 '스트레스 진통'이라고 한다.

스트레스에 반응하여 뇌하수체에서 분비된 엔도르핀은 대뇌피질, 시상, 척수 등에 분포하는 '오피오이드 수용체'와 결합하여 진통작용 외에 위장운동 감소, 동공축소, 행복감, 서맥, 신경전달물질 억제작용 등의 기능을 담당한다. 오피오이드 수용체는 모르핀이나 헤로인 등의 마약과도 결합한다. 오피오이드 수용체가 있기 때문에 마약이 주는 행복감이나 황홀감에 빠지게 되는데, 그래서 마약중독이 되는 것이다.

그런데 그렇게 위험한 수용체가 우리 뇌에 존재하다니 왠지 좀 이상하지 않은가? 그러나 이것은 인과관계를 거꾸로 생각한 것이다. 마약 때문에 오피오이드 수용체가 있는 것이 아니라 처음부터 인간의 몸에 마약과 유사한 물질이 존재하고 있었다. 이것이 바로 엔도르핀이다.

엔도르핀이 분비되어도 모르핀을 투여했을 때와 동일하게 행복감과 황홀감이 나타난다. 그래서 엔도르핀은 '뇌 내 마약'이라고도 불린다. 엔도르핀endorphin이라는 이름부터 '내인성'이라는 뜻의 'endo'와 모르핀의 '르핀'에 해당하는 'rphin'이 결합되어 만들어진 것이다. 엔도르핀은 스스로 분비하는 모르핀 유사 물질, 즉 '내인성 모르핀'이라는 의미다.

아편에 들어 있는 모르핀은 때때로 엔도르핀과 유사한 구조를 이루며 오피오이드 수용체와 결합하여 엔도르핀과 같은 효과를 발휘할 수 있다. 때문에 모르핀이나 모르핀에서 만들어지는 헤로인 등이 마약으로 쓰이게 되었다.

또 단순한 엔도르핀이 아니라 '베타엔도르핀'이라는 용어도 있다. 엔도르핀은 알파엔도르핀, 베타엔도르핀, 감마엔도르핀의 3종류로 나뉘는데, 이 셋 중 베타엔도르핀은 고통을 제거할 때 가장 잘 분비된다. 즉 베타엔도르핀은 진통작용이 강한 엔도르핀의 일종이다. 여기서는 베타엔도르핀을 포함하여 모두 엔도르핀이라는 용어로 통일해서 이야기하겠다.

성냥팔이 소녀, 행복한 꿈을 꾸며 잠들다

안데르센 동화 '성냥팔이 소녀'를 모르는 사람은 거의 없을 것이다. 나는 이 이야기를 어린이만을 대상으로 한 동화라고 보지 않는다. 어떤 사실이나 사건을 바탕으로 한 실화가 아닐까 생각한다.

한 해의 마지막 날 밤, 어린 소녀가 혼자 추위를 견디며 성냥을 팔고 있었다. 성냥을 다 팔 때까지 집에 돌아갈 수 없지만 성냥을 사주는 사람은 거의 없었다. 밤이 깊어지자 소녀는 너무 추워서 팔고 있던 성냥 하나에 불을 붙였다. 성냥불과 함께 따뜻한 난로와 칠면조 구이, 아름다운 크리스마스트리가 하나하나 나타났다. 그 환영은 성냥불이 꺼지자마자 사라졌다.

다음 성냥을 켜자 사랑하는 할머니의 환영이 나타났다. 성냥불이 꺼지면 할머니도 사라질까 봐 두려웠던 소녀는 황급히 갖고 있는 모든 성냥에 불을 붙였다. 밝은 불빛에 둘러싸인 할머니는 소녀를 포근히 안아주며 천국을 향해 올라갔다. 새해 아침, 마을 사람들이 발견한 것은 성냥불이 타다 남은 재를 끌어안고 행복하게 미소 짓는 소녀의 작은 주검이었다.

성냥팔이 소녀는 동사 직전의 상태에서 행복한 환영을 보고 미소를 지으며 천국으로 여행을 떠났다. 어떻게 소녀가 마지막 순간에 행복한 꿈을 꿀 수 있었을까? 물론 이 이야기는 동화이고 정답이 무엇인지 확인할 수는 없지만 나는 엔도르핀의 작용 때문이라고 생각한다.

뇌 내 마약인 엔도르핀에는 '각성작용'이 있다. 주의력, 집중력을 높이는 작용인데 이것이 과잉분비되면 환각이 나타난다. 생사의 경계선에 섰을 때, 즉 극도의 스트레스 상태에서 행복감과 환각이 나타났다는 것은 소녀의 뇌에서 엔도르핀이 분비되었을 가능성이 무척 높다. 엔도르핀은 이런 한계상황에서 분비되기 때문이다.

고통스러울 때 행복을 느끼는 육상선수들

극한상황이라고 하면 흔히 '러너스 하이Runner's High'를 떠올릴 수 있다. 러너스 하이란, 마라톤 같은 장시간 달리기를 할 때 경험하는 도취상태를 뜻한다. 마라톤은 무척 힘든 운동인데, 장거리를 달리다 보면 어느 순간에 고통스럽던 몸이 가벼워지고 기분도 상쾌해진다. 그리고 기분이 고양되면서 강렬한 행복감에 빠진다. 이 상태가 바로 러너스 하이다. 엔도르핀 기능을 설명할 때도 종종 러너스 하이를 예로 든다. 달리기라는 고통스러운 상황에서 엔도르핀이 분비되어 고통이 줄어들고 행복감을 느끼는 것이다. 마라톤을 좋아해서 매년 호놀룰루 마라톤 대회에 참가하는 내 친구는 이렇게 말했다.

"마라톤은 한 번 완주하면 중독이 돼. 그 뿌듯함이라고 할까, 성취감과 만족감이 엄청나거든. 그래서 또 마라톤을 하고 싶어지지."

러너스 하이의 원인이 엔도르핀이라고 한다면 마라톤에 '중독'되는 이유를 알 수 있다. 러너스 하이가 엔도르핀 분비 때문일 것이라는 주장은 예전부터 있어왔다. 많은 연구 데이터에서 달리기 같은 고부하 유산소운동을 한 뒤에 혈중 엔도르핀이 증가한다는 사실이 나타났기 때문이다.

그러나 그것이 뇌의 오피오이드 수용체과 결합하는지에 관해서는 명확히 밝혀내지 못했다. 그러다가 2008년 뮌헨공과대학 연구팀이 핵 이미징(방사선물질을 이용해 영상화하는 방법)으로 '러너스 하이를 일으키는 엔도르핀'의 존재를 처음으로 영상화하는 데 성공했다. 이것은 장거리 달리기를 하면 평소보다 많은 양의 엔도르핀이 생성되어 뇌 내 수용체와 결합한다는 유력한 증거라 할 수 있다.

조용한 치유물질
엔도르핀 덕분이다

엔도르핀은 이완상태에서도 분비된다

여기까지 읽으면 엔도르핀이라는 물질의 존재이유를 어렴풋이 이해할 수 있지 않을까? 부상이나 질병, 달리기, 그 밖의 스트레스로 인해 발생하는 고통이나 괴로움…, 그것을 '행복'으로 전환하여 스트레스로부터 몸과 마음을 지켜주는 물질이 엔도르핀이다. 엔도르핀은 최상의 스트레스 해소물질이라 할 수 있다.

엔도르핀 생성과정을 보면 스트레스 해소물질로서의 특징이 더욱 명확해진다. 베타엔도르핀의 전구체 물질은 '프로오피오멜라노코르틴'이라는 당(糖)단백질이다. 이 물질에서 프로세싱이라는 단편화 과정을 거쳐 베타엔도르핀이나 ACTH(부신피질자극호르몬), 베타리포단백질 등의 호르몬이 생성된다.

ACTH에 관해서는 3장의 아드레날린 업무방식에서도 설명했듯이 부신피질을 자극하여 스트레스 호르몬인 코르티솔 분비를 촉진하는 호르몬이다. 즉 ACTH도 엔도르핀도 스트레스에 반응해서 분비되어 스트레스와 싸우는 '스트레스 해소 호르몬'이다. 다만 이 둘은 역할이 다르다. ACTH는 신체적인 스트레스 해소를, 엔도르핀은 심리적인 스트레스 해소를 주로 담당한다.

또 엔도르핀은 과도한 스트레스를 받는 한계상황에서도 분비된다고 했는데 실은 그렇지 않은 상황에서도 분비된다. '치유되었다.', '긴장이 풀렸다.'고 느끼는 순간이다.

치유의 좋은 예가 반려동물과의 접촉이다. 일을 마치고 집으로 돌아와 강아지나 고양이와 만나는 순간 마음이 편해지는 사람이 많을 것이다. 한 연구에 따르면 개를 키우는 사람이 개를 만지거나 쓰다듬는 등 친밀한 접촉행동을 하면 사람과 개 양쪽의 혈중 엔도르핀 농도가 상승한다고 한다.

몸과 마음이 편안하면 뇌에서 알파파가 원활하게 나온다. 알파파가 나오면 엔도르핀이 분비된다. 스트레스를 받는 상황뿐 아니라 긴장을 푼 상태에서도 엔도르핀이 분비되는 것이다.

치유물질이라는 측면이 있는 엔도르핀은, 과도한 스트레스 상태일 때는 그것을 완화시키기 위해서 분비된다. 반대로 마음이 평온한 이완상태에서도 분비된다. 정반대의 상황에서 둘 다

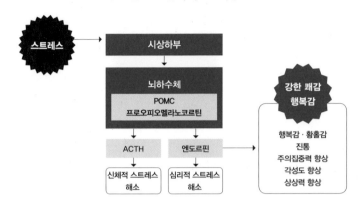

스트레스

시상하부

뇌하수체

POMC
프로오피오멜라노코르틴

강한 쾌감
행복감

ACTH

엔도르핀

신체적 스트레스
해소

심리적 스트레스
해소

행복감·황홀감
진통
주의집중력 향상
각성도 향상
상상력 향상

※ 알기 쉽게 설명하기 위해 실제 기능을 단순화했다.

분비된다는 게 좀 의아하겠지만 목적은 동일하다.

엔도르핀은 행복감을 안겨준다. 뇌를 쉬게 해 주의집중력, 기억력, 창조성 등 다양한 뇌 기능을 향상시킨다. 명상이나 좌선을 하면 깨끗한 알파파가 나온다. 명상은 마음을 평온하고 잔잔하게 해주므로 집중력과 주의력이 높아지고 의식이 맑아지며 때로는 뛰어난 아이디어가 떠오르기도 한다. 이것이 바로 엔도르핀이 나오는 상태다. 즉 엔도르핀에 의한 치유효과와 뇌활성화 효과를 얻은 순간이다.

또 엔도르핀은 마음을 쉬게 하는 효과뿐 아니라 면역력을 강화해 신체회복력을 높이는 효과도 있다. 그뿐 아니라 암과 싸우는 면역기능을 담당하는 NK세포 활성을 높이는 작용, 즉 항암작용도 한다. 마음뿐 아니라 몸도 치유한다. 엔도르핀은 멜라토닌과 함께 '최상의 치유물질'이라 할 수 있다. 멜라토닌은 수면과 관련하여, 엔도르핀은 긴장이완과 관련하여 치유효과를 발휘한다.

알파파가 나올 때는 '엔도르핀 휴식법'이 최고

알파파가 나오면 치유물질인 엔도르핀 분비가 촉진된다고 했다. 그렇다면 알파파는 언제 나올까? 알파파는 다음과 같은 경우에 나온다.

- 클래식 음악을 들을 때
- 좋아하는 음악을 들을 때
- 흐르는 냇물 소리를 들을 때
- 바다나 단풍 등 아름다운 풍경을 볼 때
- 좋아하는 맛있는 음식을 먹을 때
- 상쾌한 바람이 불 때
- 금계꽃 같은 좋은 아로마향을 맡았을 때
- 눈을 감고 안정을 취하며 편안하게 있을 때
- 1가지 일에 집중할 때

- 마음이 평온할 때
- 명상, 요가, 좌선을 할 때

요컨대 편안한 시간을 보내면 알파파가 원활하게 나오며 그에 따라 엔도르핀도 활발하게 분비된다. 다만 편안한 시간을 보내는 것은 실제로는 실천에 옮기기가 그리 쉽지 않다. 일을 마치고 집에 와도 TV시청이나 게임을 하며 휴식하는 사람이 적지 않을 것이다. 3장 아드레날린 업무방식에서도 나왔듯이 교감신경을 우위에 세우는, 즉 사람을 흥분시키는 오락은 잠자기 전에 하는 활동으로 바람직하지 않다. TV를 끄고 음악을 들으며 소파에서 반려동물과 교감을 나누자. 이렇게 이완된 시간이 몸과 마음을 진정으로 치유한다.

'쾌감자극'으로
도파민과 엔도르핀을 동시에

물리적인 '기분 좋음'도 중요하다

스트레스에 직면했을 때나 편안히 쉴 때 외에 엔도르핀은 물리적인 '쾌감자극'으로도 분비된다. 지금까지 뇌 내 물질 중 도파민은 '쾌감자극'으로 분비되고 노르아드레날린은 스트레스 등의 '불쾌자극'으로 나온다고 했다. 반면 엔도르핀은 '쾌감자극'으로도 '불쾌자극'으로도 분비되는 신기한 물질이다.

인간은 '쾌감자극'을 받으면 도파민과 함께 엔도르핀이 쉽게 나온다. 둘 다 함께 나오면 쾌감, 행복감 증강효과가 있다. 이 효과는 덧셈이 아닌 곱셈이라고 생각하면 된다. 도파민만 나올 때보다 10~20배의 쾌감과 행복감을 얻을 수 있다. 엔도르핀은 일종의

'쾌감증강제'인 셈이다. 가장 좋은 예는 성행위다. 성행위는 아마도 인간이 경험하는 가장 강한 쾌감 중 하나일 것이다. 성행위를 하면 도파민과 엔도르핀이 함께 분비되어 엄청난 쾌감을 얻는다.

또 도파민을 제어하는 구조로 'GABA 신경'이 있는데, 엔도르핀은 이것을 억제한다. 도파민을 억제하는 GABA 신경을 억제함으로써 도파민을 분리한다. 엔도르핀 작용으로 같은 쾌감자극에도 도파민이 펑펑 쏟아진다고 상상하면 된다. '천재 바카본'이라는 만화 주인공 바카본 파파의 "반대의 반대는 찬성이다."라는 말처럼 억제의 억제는 촉진작용이라 할 수 있다. 이런 식으로 긴장을 풀고 알파파를 내는 방법과는 별도로 물리적 쾌감자극으로 엔도르핀을 분비시키는 방법도 있다.

물리적으로 엔도르핀을 활성화하는 6가지 방법

1 운동 : 러너스 하이에서 설명했듯이 엔도르핀은 달리기를 하면 분비된다. 물론 다른 운동을 해도 엔도르핀이 나온다. 특히 중·고강도 운동부하가 지속되며 다소 숨이 찬 상태에서 엔도르핀이 쉽게 나온다. 한 연구에 따르면 15분간 유산소운동(자전거 페달 밟기)을 했더니 혈중 엔도르핀 농도가 유의미하게 증가하며 알파파 출현율도 상승했다. 운동으로 엔도르핀이 활성화된다는 증

거다. 운동을 하면 알파파 이외에도 도파민, 세로토닌, 성장호르몬 등 다양한 물질이 분비된다. 적당한 유산소운동이 뇌를 편안하게 하고 활성화시킨다는 것은 많은 연구 데이터가 증명하고 있다.

2 매운 음식 : 땀을 뻘뻘 흘리며 매운 카레를 먹으면서 기분이 좋아진 적은 없는가? 이것은 엔도르핀 때문이다. 고추에는 '캡사이신'이라는 성분이 들어 있는데 이것은 매운맛을 낸다, 캡사이신이 많이 든 고추일수록 맵다. 캡사이신이 구강점막세포의 수용체와 결합하면 그 수용체로부터 신경신호가 발생한다. 그것이 뇌의 신경세포를 자극하여 엔도르핀이나 노르아드레날린이 분비된다. '매운맛'은 '고통'과 종이 한 장 차이이므로 매운맛 자극(=고통자극)에 대한 진통효과를 발휘하기 위해 엔도르핀이 분비된다는 설도 있다.

또 캡사이신은 몸의 신진대사를 촉진하여 땀이 나게 하고 에너지를 소모시킨다. 이때 노르아드레날린 효과에 의해 교감신경이 흥분하고, 그러면 혈당치나 심박수가 높아져 혈압과 체온이 오른다. 캡사이신은 지방분해 작용도 해서 다이어트에도 도움이 된다. 매운맛 카레로 엔도르핀을 분비시키는 것은, 쉽게 할 수 있는 스트레스 해소법이다.

3 기름진 음식 : 삿포로 출신인 나에게는 도쿄식 라면이 너무 기름져서 입맛에 맞지 않는다. 옛날에는 도쿄식 라면이 '중국식 국수' 같은 깔끔한 맛이 주류였는데 최근에는 기름지고 무거운 맛의 라면만 팔리는 것 같다. 게다가 기름질수록 인기가 높다. 왜 도쿄 사람들은 이렇게 기름진 라면을 좋아할까? 그에 대해 나름대로 가설을 세워보았다. 바로 '라면=스트레스 해소'라는 가설이다.

교토대학의 한 연구그룹이 흥미로운 실험을 했다. 공복인 쥐에게 농도 5%의 옥수수유를 주었더니 기름섭취량이 점점 늘어나 5일째에 엔도르핀이 약 2배, POMC(엔도르핀의 전前단계 물질)는 약 1.7배나 되었다. 추가로 5일 더 기름을 먹인 쥐에게 옥수수유가 나오는 입구를 갖다 대자, 기름이 나오지도 않았는데 그것만으로도 POMC가 약 2.5배로 올랐다. '기름을 먹을 수 있다.'는 기대심만으로 POMC가 왕성하게 분비되는 것이다. 이때 쥐의 엔도르핀 체내농도는 기름을 먹은 직후에는 혈중농도 약 1.5배, 뇌척수액 농도는 약 1.8배나 상승했다. 유지를 많이 함유한 식품을 먹으면 엔도르핀이 분비된다는 말이다.

엔도르핀에는 스트레스 해소효과가 있으므로 스트레스를 많이 받는 도쿄 사람들은 무의식중에 기름진 것을 찾게 되었고, 그 결과 저렴하면서 어디서나 먹을 수 있는 기름진 라면이 인기를 얻은 게 아닐까? 나는 그렇게 생각한다. 기름진 라면으로 스트레스를 발산하는 것은 결코 나쁘지 않은 방법이다. 다만 한 그릇에 1,000kcal를 훌쩍 넘으니 너무 많이 먹지 않도록 하자.

4 초콜릿 : '초콜릿을 먹으면 행복해진다.'는 사람이 있다. 초콜릿을 먹으면 엔도르핀이 분비되기 때문이다. 한 실험에 따르면 신체적으로 스트레스 상태에 있는 쥐에게 초콜릿의 원료인 카카오 폴리페놀을 주었더니 엔도르핀 농도가 상승하고 스트레스 저항력이 강화되었다고 한다. 피곤할 때 갑자기 초콜릿이 당기는 경우가 있는데 그것도 피로회복과 스트레스 해소에 좋은 방법이다.

5 뜨거운 물 목욕 : 욕조에 몸을 담그면 긴장이 풀린다. 그런데 여러분은 미지근한 물과 뜨거운 물 중 어느 쪽을 선호하는가? 뜨거운 목욕물에 몸을 담그면 뇌에서 엔도르핀이 분비된다. 너무 뜨거워서 피부가 따끔거리기도 하는데, 아마도 이 고통을 느끼지 않게 하기 위해 진통작용을 하는 엔도르핀이 분비되는 것 아닐까? 뜨거운 목욕물로 엔도르핀을 활성화시키는 것도 스트레스 해소에 좋다. 다만 너무 뜨거운 목욕물은 심장 등의 순환기계에 부담을 주니 적당히 하자.

6 침 치료 : 침을 맞은 후 통증이 상당히 가시거나 피로가 풀리는 등 이완효과를 경험한 사람이 꽤 있을 것이다. 그 이유 중 하나는 침 치료를 하면 엔도르핀이 분비되기 때문이다. 한 실험에 따르면 손의 경혈이 있는 곳에 침을 놓고 거기 저주파 전류를 흘려보냈더니 그 전보다 혈중 엔도르핀 농도가 약 2.4배 증가했다. 중국에서는 침의 진통효과를 이용한 '침 마취' 연구가 진행되고 있으며 실제로 침 마취를 이용한 수술도 하고 있다.

이렇게 생리적인 쾌감자극에 의한 엔도르핀 분비는 손쉽게 스트레스를 해소시켜준다. 그러나 지나치면 좋지 않다. 엔도르핀에 의한 치유는 '긴장이완에 의한 치유'와 '쾌감자극에 의한 치유' 2가지 유형이 있는데, 이 둘을 균형 있게 조정하며 스트레스를 발산하면 좋을 것이다.

엔도르핀이 선사하는
'최상의 집중력'

비즈니스맨에게 가장 절실한 것이 현실로?

지금까지 긴장완화와 쾌감자극으로 엔도르핀을 분비시켜 뇌와 신체를 편안하게 하는 방법을 소개했다. 좋은 방법이지만 엄밀히 말하면 이것은 휴식법이지 '엔도르핀 업무방식'이라고 할 수는 없다. 엔도르핀은 사용법에 따라 당신의 일에 엄청나게 도움이 된다. 이제부터 그 방법을 살펴보겠다. 엔도르핀이 적당히 분비되었을 때 뇌에 미치는 긍정적인 효과로는 스트레스 해소, 기억력 향상, 상상력 향상, 주의집중력 향상이 대표적이다.

아드레날린이 분비되면 기억력이 증강된다는 것은 3장에서 이야기했다. 대뇌변연계가 자극을 받으면 기억에 쉽게 남기 때문이다. 엔도르핀에도 기억증강작용이 있어서 엔도르핀이 분비될 때 있었던 일은 뇌에 깊이 새겨진다. 그리고 엔도르핀이 대량으로 나오는 경우는 '아주 괴로운 체험'이거나 '아주 기분 좋은 체험'을 했을 때다. 여러분의 인생을 돌아봐도 지금까지 또렷하게 기억나는 것은 '무척 괴로운 일'이나 '무척 즐거운 일' 중 하나일 것이다. 극단적인 고통이나 극단적인 쾌락이 있으면 기억에 잘 남는다는 이야기다.

엔도르핀은 시냅스 활동전위를 높여서 시냅스 결합을 늘리는 방향으로 작용한다. 그 결과 기억력, 상상력, 집중력이 높아진다. 일을 하면서 의식적으로 엔도르핀을 분비시킬 수 있다면 집중력과 상상력이 향상되어 뛰어난 아이디어가 떠오르고 기억력까지 좋아진다. 직장인에게는 최상의 상태다.

미지의 세계로 들어가는 '몰입상태'

엔도르핀과 일에 대해 생각할 때는 '몰입Flow'이라는 말이 참고가 된다. 심리학자 칙센트미하이가 제창한 개념이다. '1가지 활동에 깊이 몰두해 아무것도 눈에 들어오지 않는 상태, 그 경험 자체가 무척 즐거워서 순수하게 그것을 하기 위해 많은 시간과 노력을 쓰는 상태.' 이런 상태가 몰입이다. '절대적 집중상태'라고 바꿔 말할 수 있다.

가장 알기 쉽게 말하자면 엄청난 집중력이 발휘되고 그 상태가 즐거워서 깊이 몰입한 상태이다. 그와 동시에 머릿속이 맑아서 그 상황과 활동을 스스로 통제할 수 있는 상태를 말한다.

몰입상태에서는 '시간감각의 왜곡'이 수반된다. 몰입상태인 사람은 눈 깜짝할 새에 시간이 지났거나 시간이 멈춘 듯이 느낀다. 운동선수가 엄청난 기록을 달성했을 때 몰입상태와 유사한 경험을 하기도 한다.

여기까지 읽으면 엔도르핀이 분비된 상태와 몰입상태가 흡사하다는 것을 알아차렸을 것이다. 실제로 많은 뇌과학자와 심리학자가 이 둘 사이에 연관성이 있을 거라고 추측한다. '몰입'에 관한 이론을 제창한 칙센트미하이 교수는 러너스 하이도 일종의 몰입이라고 생각했다. '장거리 달리기뿐 아니라 많은 스포츠 경기에는 러너스 하이와 흡사한 쾌락적 상태에 도달하는 시간이 있으며, 그것은 플로(흘러가는 듯한 좋은 기분)라고 표현하는 것이 적합하다.'고 했다.

나도 책을 집필할 때 종종 몰입상태를 경험한다. 압도적인 집중상태에서 아이디어가 계속 떠오르고 물 흐르듯이 글이 써져 평소의 내가 발휘할 수 없는 능력이 나온다. 몇 시간이 눈 깜짝할 새에 흐르지만 전혀 피로하지 않고 한자리에 앉아 원고지 50매

이상을 써내려간다. 그것도 너무나 즐거운 기분에 휩싸인 채 말이다. 그 순간이 너무 즐거워 '계속 쓰고 싶다.'는 의욕이 샘솟는다. 이것은 엄청나게 강렬한 쾌감이다. 아마도 몰입상태이며 그때 엔도르핀도 나오고 있을 것이다.

차원이 다른 고高성과, 엔도르핀이라면 가능하다

몰입상태에 빠지면 엄청난 실력을 발휘하며 업무를 처리할 수 있다. 스포츠 선수라면 종전 기록을 갱신하거나 평소실력 이상의 결과를 낼 수도 있다. 칙센트미하이는 몰입상태에 들어가기 위한 준비과정으로 다음의 5항목을 들었다.

- 전체목표를 설정하고 현실적으로 실행 가능한 많은 하위 목표를 설정할 것.
- 선택한 목표에 관해 진척도를 측정하는 방법을 찾을 것.
- 지금 하고 있는 일에 대한 주의집중을 유지하고 그 활동에 포함되는 다양한 도전대상을 더욱 세분화할 것.
- 이용할 수 있는 도전기회와 상호작용하는 데 필요한 능력을 발휘할 것.
- 그 활동이 지루해지면 난이도를 높일 것.

이것만 보면 평소에 일할 때 구체적으로 무엇을 어떻게 하면 좋을지 잘 모를 것이다. 그래서 내 경험을 바탕으로 '일할 때 몰입상태가 되기 위한 준비과정'을 다시 정리해보았다.

① 장기목표와 단기목표를 설정한다.

② 할 일 리스트에 오늘 할 일을 적는다.

③ 할 일 리스트는 가능한 한 자세하게 적는다.

④ 할 일 리스트의 각 항목에 제한시간이나 종료시간을 적는다.

⑤ 1가지 일을 종료하면 그 항목에 사선을 그어 지운다. 이렇게 하면 진척상황이 파악된다.

⑥ 도전정신을 소중히 여긴다.

⑦ 적당히 난이도가 있는 과제를 설정한다.

⑧ 일에 필요한 스킬을 평소에 익혀둔다.

이렇게 써보니 왠지 본 적이 있는 항목들이 눈에 들어온다. ①에서 ⑦까지는 1장 도파민 업무방식과 거의 같은 내용이다. 도파민이 분비될 때 엔도르핀이 나오기 쉬운 것을 생각하면 당연한 일이다. 그렇다면 이미 설명한 도파민 업무방식과 엔도르핀을 활용한 '몰입상태가 되기 위한 준비과정'은 무엇이 다를까?

칙센트미하이는 몰입상태가 되기 쉬운 사람들의 예로 장인,

요리사, 컨베이어 시스템에서 일하는 공장직원을 들었다. 이 직업의 공통점은 뭘까? 자기가 하는 일의 절차를 완전히 파악하고 있다는 것이다. '다음에 무엇을 할까?', '그다음에 할 일은?'이라는 것을 일일이 생각하지 않는다. '이것이 끝나면 다음은 저것'이라는 흐름이 상세한 공정표처럼 정해져 있다. 또는 무의식중에 몸으로 전부 기억하고 있는 사람들이다.

실은 '다음에 무엇을 할까?'라는 의문이 가장 집중력을 떨어뜨린다. 뇌의 집중력이 높아지고 작업효율이 올라간 상태에서 '다음에 무엇을 할까?'라는 생각이 떠오르면 집중력이 흐트러진다. 집중력이 초기화되는 것이다. 그러므로 다음에 무엇을 할지 일일이 생각하지 않고 물 흐르듯 작업에 몰입할 수 있도록, 자신이 해야 할 일을 '할 일 리스트'에 적어두자. 이것은 사무직 직장인이 몰입상태에 들어가기 위한 필수조건이다.

고마워하는 마음이
당신을 더 높은 곳으로 이끈다

감사는 최고의 성공법칙

"편하게 사는 사람은 많은 일에 감사한다. 불쾌한 일에도 감사한다. 물론 좋았던 일에도 감사한다." 이것은 일본의 사업가 사이토 히토리가 한 말이다. 감사의 중요성을 단적으로 표현한 명언이다. 나도 감사의 중요성을 실감하며 항상 감사하는 마음을 잊지 않으려 노력한다. 그런데 왜 감사하는 마음을 가지는 사람이 성공할까?

뇌과학적으로 말하자면, 남에게 감사할 때 엔도르핀이 분비되기 때문이다. 누군가에게 감사를 전하거나 감사의 말을 들을 때, 사람은 행복해진다. NIH(미국국립보건원)의 연구팀은 자원봉사

활동을 하는 사람의 뇌는 '보상'을 받았을 때의 뇌와 같은 활성패턴을 보인다는 것을 핵 이미지 연구를 통해 밝혔다. 그러고 보면 봉사활동을 하는 사람은 그렇지 않은 사람에 비해 의욕이 넘치고 활동적이다. 봉사활동을 함으로써 성취감과 행복감도 강하게 느낀다.

또한 이들은 심장질환을 앓을 확률이 낮고 평균수명이 길다. 그 이유는 봉사활동으로 엔도르핀이 분비되기 때문이라는 연구가 있다. 실제로 내 주위에도 봉사활동을 하는 사람들은 "봉사활동은 정말 즐거워요. 남에게 고맙다는 말을 듣는 것이 이렇게 기쁜 건지 예전엔 몰랐어요."라고 말한다. 또 감사를 받는 것은 칭찬받는 것과 마찬가지로 정신적인 보상이다. 그러므로 도파민도 함께 분비된다.

남에게 감사하고, 감사를 받는 것, 누군가에게 도움이 되거나 사회에 공헌하는 것, 그런 순간에 보수계의 편도체가 자극을 받아 도파민이나 엔도르핀을 분비하도록 움직인다. 감사가 성공을 부른다는 것이 과학적으로도 증명된 셈이다.

일을 부탁받았을 때 어떻게 대답하는가?

'도코야'라는 술집에서 주문을 하면 점원은 "네, 물론이죠!"

라고 힘차게 말한다. 처음에는 좀 부담스럽고 어색했지만 자꾸 들으니 괜찮아졌다. 점원이 힘찬 목소리로 대답을 해주면 나도 기분이 좋아진다. 일을 부탁받았을 때 "물론이죠. 기꺼이 해드릴게요."라고 하는 것은 신경전달물질 측면에서 봐도 올바른 대응이다. 어떤 일을 부탁받았을 때 그것을 감사하는 마음과 함께 '기꺼이' 수락하면 엔도르핀이나 도파민이 분비되기 때문이다. 엔도르핀은 도파민 작용을 증가시키므로 2개가 함께 나오면 의욕이 급상승하고 더 즐겁게 일할 수 있다. 집중력과 작업효율도 향상되어 같은 일을 더 빨리 마칠 수 있을 뿐 아니라 결과물의 품질도 높아진다. 평소보다 높은 성과를 낼 수 있다는 말이다.

그런데 '마지못해' 일을 수락하면 노르아드레날린이 분비된다. 노르아드레날린은 단발성일 때는 집중력이 향상되는 효과가 있다. 그러나 매일 그런 상황에서 일하면 집중력과 업무효율이 저하되고 무기력해진다. 같은 일을 해도 더 긴 시간을 소모하고 업무의 질도 떨어진다. 그러면 의욕은 더욱 떨어진다. 노르아드레날린 분비가 장기화되면 우울증에 걸릴 수도 있다.

그러니 일을 할 때는 '기꺼이' 즐거운 마음으로 해야 한다. 그리고 그 일을 나에게 맡겨준 상사에게 감사하고, 그 일을 발주해준 고객에게도 감사하고, 거래처에도 감사하고, 일을 도와주는 동료와 부하직원에게도 감사해야 한다.

기꺼이, 감사하는 마음을 잊지 않고 일하면 일이 즐거워지고 잘 돌아간다. 그 마음이 주위에 전해져 함께 일하는 동료들과 더욱 깊이 소통할 수 있고, 더욱 원활하게 협조를 얻을 수 있다. 당연히 모든 것이 순조롭게 진행되고 더욱더 일이 즐거워진다. 결과적으로 감사와 엔도르핀의 성공 소용돌이가 일어나는 것이다.

일을 처음 맡았을 때 '기꺼이' 수락하느냐 '마지못해' 수락하느냐. 단지 그 사소한 차이가 그 일의 명암을 완전히 가른다. '지금 하는 일을 좋아할 수가 없다.'거나 '일이 재미없다.'는 사람도 있을 것이다. 하지만 그래도 일단 '기꺼이'라는 자세로 임해보자. 일은 별로 좋아하지 않아도 일의 내용과는 별개로 고객에게, 동료나 부하직원에게 감사할 수 있다.

"기꺼이 제가 하겠습니다."라고 말해보자. 그러면 재미없는 일도 행복물질과 뇌 내 마약의 힘으로 즐거워질 수 있다.

실패마저 감사하게 생각할 수 있다면

큰 실패를 했을 때 "도대체 나는 왜 실패한 걸까?" 하고 낙담하거나 "난 정말 한심해. 구제불능이야." 하며 자책하는 사람이 있다. 하지만 그러면 스트레스 호르몬이 왕창 나올 뿐만 아니라 실패로부터 아무것도 배우지 못한다. 먼저 실패에 감사하자. '실패에서 배울 수 있어서 다행'이라고 생각하는 사람은 성공을 향해 더 빨리 나아갈 수 있다. 엔도르핀을 낼 수 있기 때문이다.

엔도르핀은 시냅스 가역성을 높인다. 시냅스 가역성은 시냅스와 시냅스가 결합하는 유연성을 말하며 시냅스 가역성이 높아지면 신호가 잘 전달되어 결과적으로 학습효율과 기억효율이 높아진다. 따라서 엔도르핀이 분비되었을 때 일어난 일은 시간이 지나도 똑똑히 기억한다. 그러므로 실패가 기억에 정착해 경험으로 축적되는 것이다. 또한 도파민과 엔도르핀의 작용으로 뇌가 새로운 동기를 얻고 다음 목표를 향해 시작할 수 있다. 큰 실패를 했다고 주저앉아 낙담하지 말자. '실패는 성공의 어머니'라는 진부한 말도 있지만, 일단 실패도 감사해야 다음 성공의 확률이 높아진다.

성공한 사람은 대부분 긍정적 사고를 한다. 나도 성공한 사람들을 많이 만나보았지만 부정적인 사고방식을 가진 사람은 거의 없었다. 실패할 때마다 일일이 고민하기보다는 긍정적으로 받아들이는 사람이 최종적으로 성공한다. 긍정적 사고는 '엔도르핀 사고'라고 바꿔 말해도 좋을 것이다. 항상 감사하는 마음을 잊지 않고 실패에도 감사할 정도로 긍정적 사고를 한다면 여러분의 뇌에서는 저절로 엔도르핀이 분비된다.

엔도르핀은 초인적인 능력을 준다

☐ 뇌 내 마약 엔도르핀이 분비되면 행복감과 황홀감이 든다.

☐ 엔도르핀은 알파파가 나와 치유되는 때와 긴장이 이완되었을 때
분비된다.

☐ 엔도르핀이 분비되면 집중력, 상상력, 기억력이 높아진다.

☐ 엔도르핀은 최상의 치유물질이다. 정신적 스트레스를 없애고
신체를 회복해 면역력을 키운다.

☐ 엔도르핀을 분비시키는 간단한 방법으로는 운동, 매운 음식
먹기, 기름진 음식 먹기, 초콜릿 먹기, 뜨거운 물로 목욕하기,
침 치료 등이 있다.

☐ 큰 목표는 작은 목표로 나누고, 매일 해야 할 일을 '할 일 리스
트'에 정리하자. 해야 할 일을 명확히 하면 몰입하기 쉬워진다.

☐ 남에게 감사하거나 감사의 말을 들으면 엔도르핀이 분비된다.

☐ 일을 부탁받으면 '기꺼이' 하는 버릇을 들이자. 마지못해서 하면
노르아드레날린이 나오고 기꺼이 하면 엔도르핀이나 도파민이
나온다.

☐ 실패에 감사하자. 그러면 실패가 배움으로 축적되어 의욕이
높아진다.

뇌를 최적화하면 찾아오는 놀라운 변화

인간의 뇌 구조는 아주 복잡하고 난해하지만 단순히 생각하면 의외로 쉽게 이해할 수 있다. 인간의 행동을 크게 나누면 2가지밖에 없다. 쾌감을 추구하거나 불쾌함을 회피하는 것. 쾌감자극을 받으면 도파민과 엔도르핀이 나온다. 이것들은 기억력과 학습능력, 상상력 등 뇌 기능을 크게 높여준다.

반대로 불쾌자극을 받으면 노르아드레날린, 아드레날린이 분비된다. 이것들은 집중력, 순발력을 높여 '초인적인 능력'을 발휘하게 해준다. 다만 지나치게 오래 분비되면 스트레스 호르몬인 코르티솔을 높이고 면역력을 떨어뜨려 몸과 마음을 망쳐놓는다. 질병의 원인이 되기도 한다.

또 뇌 내 물질을 적당량 분비시키려면 규칙적이고 건강한 생활습관이 꼭 필요하다. 밤에는 멜라토닌으로 숙면을 취하고, 오전에는 세로토닌을 활성화시킨다. 낮에는 아드레날린 덕분에 열정적으로 일하고, 밤에는 아드레날린 스위치를 끄고 푹 쉰다. 이러한 건강한 생활습관을 가지면 일도 열심히 하고 휴식도 충분히 해서 다음 날도 100% 열정적으로 보낼 수 있다.

이 책에서 나는 이런 뇌 내 물질의 잠재력을 끌어내는 업무 방식과 생활습관에 대해 설명했다. 이제까지 뇌에 좋지 않은 생활습관을 가진 사람이라면 마음이 불편했을 것이다. 하지만 뇌 내 물질을 올바르게 사용하는 방법을 배웠으니, 하나씩 실천해보면 지금보다 몇 배의 능력을 발휘할 수 있을 것이다. 일부러 그렇게 하려고 노력을 짜내지 않아도 뇌 내 물질이 알아서 일해줄 테니 말이다.

대부분의 직장인들은 '업무능력 향상법'이나 '업무효율 높이기'를 통해 최대한 많은 일을 빨리 해치우고 싶을 것이다. 그러나 정신과의사인 나는 그렇게 일하는 것을 권장하지 않는다. 그보다는 여러분이 병에 걸리지 않고 건강하길 바란다. 그런 바람으로 마음의 건강과 몸의 건강을 동시에 지키는 방법들을 소개했다.

인생은 높이 올라가는 게 아니라 깊이 들어가는 것이라고 누군가가 말했다. '뇌를 최적화'한다는 것도 어쩌면, 산꼭대기까지 한걸음에 뛰어 올라가기보다는 주위 경치를 살피며 즐겁게 산행하는 과정과도 비슷하다. 조금만 다르게 보면, 조금만 더 애정을 갖고 보면, 모든 것이 달라지기 때문이다. 억지로 일하는 것은 일의 효율을 떨어뜨릴 뿐만 아니라 몸과 마음의 건강을 해친다. 이 책에서 소개한 업무방식과 생활습관이 여러분의 일에도, 마음과 몸의 건강에도 도움이 되기를 바란다.

지은이 가바사와 시온

[참고문헌]

시작하며 _ 지금 당신의 뇌는 최상의 컨디션인가?

《뇌 내 물질의 시스템 신경생리학 - 정신의 정기 뉴로사이언스脳内物質のシステム神経生理学—精神精気のニューロサイエンス》(아리타 히데호有田 秀穂)

《뇌와 마음을 지배하는 물질脳と心をあやつる物質—微量物質のはたらきをさぐる》(이쿠타 사토시生田 哲)

1. 의욕과 열정의 행복물질 _ 도파민

《뇌가 기뻐하는 공부법 나를 바꾸는 기적의 강화학습》(모기 겐이치로, 이아소)

《뇌를 활용하는 업무방식 - '안다'를 '할 수 있다'로 바꾼다脳を活かす仕事術「わかる」を「できる」に変える》(모기 겐이치로茂木 健一郎)

《브레인 룰스》(존 메디나, 프런티어)

《운동화 신은 뇌》(존 레이티 외, 녹색지팡이)

《똑똑한 뇌 사용설명서》(샌드라 아모트 외, 살림Biz)

《지금 당장 당신을 바꾼다! 비즈니스 뇌를 단련하는 8가지 행동습관今すぐあなたを変える!ビジネス脳を鍛える8つの行動習慣》(다나카 가즈히데田中 和秀)

2. 집중력과 기억력을 끌어올려야 할 때 – 노르아드레날린

《우리가 알았던 스트레스의 종말The End of Stress as We Know It》(브루스 맥이원Bruce

　　 S. McEwen 다나 프레스Dana Press)

3. 신체능력과 몰입 에너지가 필요할 때 _ 아드레날린

《프로젝트가 서쪽으로 간 까닭은》(톰 드마르코 외, 인사이트)

4. 스트레스 줄이는 치유물질 _ 세로토닌

《공감하는 뇌共感する脳》(아리타 히데호)

《뇌에서 스트레스를 없애는 기술脳からストレスを消す技術》(아리타 히데호)

《자살이라는 병自殺という病》(사사키 노부유키佐々木 信幸)

《아침 5분 행복습관》(아리타 히데호, 미다스북스)

《세로토닌 결핍뇌セロトニン欠乏脳》(아리타 히데호)

《우울증은 음식이 원인이었다!「うつ」は食べ物が原因だった！》(미조구치 도오루溝口 徹)

5. 완벽하게 재충전시켜주는 수면물질 _ 멜라토닌

《수면 호르몬 뇌 내 멜라토닌 훈련 - 잠을 잘 자지 못하는 사람을 위한 책

　　 睡眠ホルモン 脳内メラトニン・トレーニング—よく眠れない人のための本》(아리타 히데호)

《기적의 멜라토닌 요법》(월터 피에르파올리 외, 세종서적)

《멜라토닌》(러셀 라이터 외, 태일출판사)

《뇌기능을 활성화하는 초쾌민술脳機能を活性化する「超」快眠術》(도마베치 히데토苫

　　 米地英人)

6. 영감과 아이디어가 필요할 때 _ 아세틸콜린

《메가브레인Mega Brain》(마이클 허치슨Michael Hutchison, 크리에이트스페이스Createspace)

《기억력 학습법》(이케가야 유지, 지상사)

《해마 : 뇌는 결코 지치지 않는다》(이케가야 유지, 은행나무)

7. 효율을 2배 높이는 뇌 내 마약 _ 엔도르핀

《엔도르핀Endorphins》(조엘 데이비스Joel Davis, 더블데이Doubleday)

《천국의 메신저들Messengers of Paradise》(찰스 F. 르빈탈Charles F. Levinthal, 더블데이)

《몰입flow》(미하이 칙센트미하이, 한울림)

《뇌를 이만큼 이해하게 되었다 - 분자생리학으로 읽는 '마음 해부'脳がここ
    までわかってきた―分子生理学による「心の解剖」》(오키 고스케大木 幸介)

《잘 노는 사람이 성공한다》(사토 도미오, 넥서스)

《뇌 내 마약의 진실 - 감정을 지배하는 활성 호르몬脳内麻薬の真実―感情を支配
    する活性ホルモンとは》(다카다 아키카즈高田 明和)

《뇌 내 마약과 머리 건강 - 기분이 좋으면 머리도 좋다脳内麻薬と頭の健康　気
    分よければ頭もまたよし》(오키 고스케)

《뇌내혁명1》(하루야마 시게오, 사람과책)

'봉사활동의 10가지 좋은 점Ten Professional Development Benefits of Volunteering', 메리
    V. 머릴Mary V. Merrill.

[저자소개]

지은이

가바사와 시온樺沢紫苑

정신과의사이자 작가. 1965년 일본 홋카이도 삿포로에서 태어났다. 1991년 삿포로 의과대학교 졸업 후, 2004년부터 세계적 명성의 미국 일리노이대학교에서 3년간의 유학생활을 했다. 2007년 귀국 후에는 '가바사와 심리학연구소'를 설립했다. 페이스북, 메일매거진, 유튜브 등 40만 명 규모의 인터넷 미디어에서 정신의학과 심리학 지식을 일반인에게 쉽게 전달하는 일에 매진하고 있다.

매일 갱신되는 유튜브 '정신과의 가바사와 시온의 가바 채널'은 400만 회 이상의 재생 횟수를 자랑하는 인기 채널이다. 업무방식 공부모임인 '가바사와 학원 정신과의의 업무방식'(회원수 600명)을 열어 더 즐겁고 효율적으로 일할 수 있는 방법을 알리고 있다.《외우지 않는 기억술》,《나는 한 번 읽은 책은 절대 잊어버리지 않는다》등 다수의 베스트셀러를 출간했다.

옮긴이

오시연

동국대학교 회계학과를 졸업했으며 일본 외어전문학교 일한통역과를 수료했다. 번역 에이전시 엔터스코리아에서 출판기획 및 일본어 전문 번역가로 활동하고 있다. 주요 역서로는《핵심정리 비즈니스 프레임워크 69》,《회계의 신》,《드러커 사고법》등이 있다.

당신의 뇌는 최적화를 원한다

2018년 5월 25일 초판 1쇄 | 2024년 3월 29일 35쇄 발행

지은이 가바사와 시온　**옮긴이** 오시연
펴낸이 박시형, 최세현

책임편집 최세현
마케팅 양근모, 권금숙, 양봉호, 이도경　**온라인홍보팀** 신하은, 현나래, 최혜빈
디지털콘텐츠 최은정　**해외기획** 우정민, 배혜림
경영지원 홍성택, 강신우, 이윤재　**제작** 이진영
펴낸곳 (주)쌤앤파커스　**출판신고** 2006년 9월 25일 제406-2006-000210호
주소 서울시 마포구 월드컵북로 396 누리꿈스퀘어 비즈니스타워 18층
전화 02-6712-9800　**팩스** 02-6712-9810　**이메일** info@smpk.kr

쌤앤파커스(Sam&Parkers)는 독자 여러분의 책에 관한 아이디어와 원고 투고를 설레는 마음으로 기다리고 있습
니다. 책으로 엮기를 원하는 아이디어가 있으신 분은 이메일 book@smpk.kr로 간단한 개요와 취지, 연락처 등
을 보내주세요. 머뭇거리지 말고 문을 두드리세요. 길이 열립니다.